Ruth

Nähen fürs Baby

Lätzchen, Kätzchen und viel mehr

Mit Fotografien von Uli Staiger

christophorus

DOG

Inhalt

Dieses Buch entstand aus der Idee heraus, am Nähen interessierten Lesern eine Vielzahl von Modellen aus den verschiedensten Bereichen rund ums Baby vorzustellen. Ein hübscher Regalschrank, ein niedliches Kuscheltier oder eine dekorative Bettumrandung z. B. können über Jahre das Kinderzimmer schmücken und dem Kind und seiner Familie viel Freude bereiten. Mir ist darüber hinaus daran gelegen, dass dieses Buch die Hobbynäherin auch über eine längere Zeit begleiten kann. Es sollte einer Mutter, Oma, Tante oder anderen Nähinteressierten die Möglichkeit geben, immer neue Modelle nachzuarbeiten, auch wenn das Baby ins Kleinkindalter kommt.
Sie finden unterschiedliche Themenbereiche mit jeweils farblich aufeinander abgestimmten Modellen vor, wie Objekte rund ums Kinderzimmer, ums Essen oder ums Baden. Sie können etwa zunächst ein Badetuch fertigen, dann einen passenden Waschlappen nähen und beides mit einem Badeoverall komplettieren. So erstellen Sie nach und nach unverwechselbare und individuelle Kombinationen aller Art.
Die kleineren Nähprojekte im Buch – Lätzchen, Kuscheltücher, Mützen – können mit nur wenig Zeitaufwand aus Stoffresten genäht werden. Als Mitbringsel oder Willkommensgruß stellen sie für einen neuen Erdenbürger etwas ganz Besonderes dar: Ein Lätzchen mit den Initialen des Babys ist mit Sicherheit immer einzigartig.
Als ein kleines, individuelles, nach und nach zu vervollständigendes Geschenk eignet sich das Stoffbuch mit seinen vielen unterschiedlichen, lose zusammengebundenen Seiten. Es kann immer wieder eine neue, auf das Alter des Kindes abgestimmte Seite hinzugefügt werden.
Bei der Auswahl der Objekte habe ich sehr viel Wert darauf gelegt, alles leicht verständlich darzustellen, damit es einfach nachzuarbeiten ist. Auf die Verwendung komplizierter Schnitte und Verarbeitungen habe ich bewusst verzichtet.
Ich hoffe, dass ich mit diesem Buch Ihre Kreativität und Ihre Lust aufs Nähen geweckt habe, und bin mir sicher, dass Sie beim Nacharbeiten viel Freude haben werden.

Ruth Laing

Allgemeine Hinweise

Dieses Buch ist so aufgebaut, dass Sie in jeder Nähanleitung drei Rubriken vorfinden: Material, Zuschnitt und Verarbeitung. Der Rubrik „Material" können Sie entnehmen, welche Stoffe, Nähutensilien etc. Sie zur Herstellung des Modells benötigen. Normalerweise finden Sie hier konkrete Maßangaben vor, in Einzelfällen müssen Sie Ihren Materialbedarf jedoch mithilfe des Zuschnitttextes selbst ermitteln, z. B. beim Regal mit Stoffhusse oder beim Korb; hier ist der Materialverbrauch von Ihrer Regal- oder Korbgröße abhängig. Kleinere Stoffe (Stoffreste) werden nicht mit Maßen angegeben, bitte hierbei an den Vorlagen orientieren.
Folgende Utensilien zum Kopieren der Schnittteile vom Vorlagenbogen (siehe re., Kopieren) und zum Übertragen der Formen auf den Stoff werden für alle Modelle gebraucht und sind daher bei den einzelnen Anleitungen nicht extra aufgeführt: Transparentpapier, Bleistift oder Kopierrädchen, Schere, Stecknadeln, Maßband, Schneiderkreide. Zum Aufbügeln von Vlieseline und zum Auseinanderbügeln der Nähte sollte ein Bügeleisen bereitstehen, für Stiche per Hand eine Nähnadel und ggf. Heftfaden vorhanden sein.
Werden Frotteestoffe benötigt, ist es häufig billiger, Badetücher, Handtücher oder Waschlappen (für kleine Frotteestücke) zu kaufen. Sie sollten sich hierbei nur für dünne Qualitäten entscheiden, dicker Frotteestoff erschwert das Nähen.
Unter der Rubrik „Zuschnitt" finden Sie alle Angaben, die Sie für einen gelungenen Zuschnitt Ihres Modells benötigen. Es gibt eine Auflistung der Schnittteile (mit Nummern versehen), die Sie aus dem Vorlagenbogen herauskopieren müssen, um sie dementsprechend aus Stoff zuschneiden zu können. Bei größeren Schnittteilen und Stoffen am laufenden Meter wird der Stoff so gefaltet, dass die rechten Warenseiten innen aufeinander liegen. Dann stecken Sie Ihr Schnittteil mit Nadeln auf die linke Stoffseite auf und zeichnen ringsum 1 cm Nahtzugabe an. Beachten Sie beim Zuschnitt, dass alle Teile im gleichen Fadenlauf liegen, also eine einheitliche Richtung aufweisen und parallel zur Webkante des Stoffes liegen. Applikationen werden ohne Nahtzugaben zugeschnitten; bedenken Sie hierbei auch, dass Sie das Schnittteil meistens nur einmal benötigen. Legen Sie deshalb das Schnittmuster seitenverkehrt auf die linke Warenseite einer Stofflage auf. Die Maße für Bänder etc. werden hier ebenfalls angegeben und können dementsprechend zugeschnitten werden.

Die Rubrik „Verarbeitung" hilft Ihnen, das Modell von der ersten Naht bis zum letzten Stich in einer sinnvollen Reihenfolge fertig zu stellen. Sie finden hier gelegentlich Verweise auf andere Seiten. Auf diesen werden dann anhand von Abbildungen die etwas schwierigeren Verarbeitungsschritte dargestellt. Häufig handelt es sich auch um Arbeitsgänge, die in diesem Buch öfter auftauchen.

Begriffsdefinitionen

Heften

Das Heften (mit speziellem Heftgarn oder Reihgarn) wird in der Regel von Hand vorgenommen. Die Stofflagen werden hierbei mit größeren Stichen zusammengenäht, die nach dem Maschinennähen oder einer Anprobe wieder entfernt werden. Durch das Heften wird verhindert, dass die zwei Stofflagen beim Maschinennähen verrutschen. Das Heften ist außerdem unverzichtbar für Anproben.

Kopieren

Mit Kopieren ist das Abpausen von Schnittteilen aus dem Vorlagenbogen gemeint. Entnehmen Sie der Schnittteilauflistung in der Nähanleitung (Zuschnitt), welche Schnittteile für Ihr Modell benötigt werden. Jedes Schnittteil hat eine Nummer. Anhand dieser können Sie das Teil auf dem Vorlagenbogen ausmachen und dann mit dem Kopieren beginnen. Legen Sie hierfür Transparentpapier auf das Schnittteil auf und zeichnen Sie die Konturen mit dem Bleistift nach. Auch das Durchradeln mit einem Kopierrädchen ist möglich. Dann wird das übertragene Schnittteil aus dem Transparentpapier ausgeschnitten.

Links auf Links/Rechts auf Rechts

Jeder Stoff hat eine rechte und eine linke Warenseite. Die rechte Warenseite ist die Stoffseite, die nach dem Nähen von außen sichtbar ist. Die linke Warenseite ist die Innenseite.
In den folgenden Nähanleitungen wird häufig der Begriff „rechts auf rechts legen" benutzt. Hierbei werden zwei Schnittteile so aufeinander gelegt, dass die beiden rechten Stoffseiten (spätere Außenseiten) aufeinander liegen, um von der linken Stoffseite (spätere Innenseite) her aufeinander gesteppt zu werden. Nach dem Nähen werden in der Regel die Nahtzugaben auseinander gebügelt und der Stoff wird gewendet, sodass dann wieder die rechte Warenseite sichtbar ist.

Steppen

Steppen ist ein anderer Begriff für Nähen, also das Zusammenfügen von zwei Schnittteilen an der Nähmaschine durch Ober- und Unterfaden. Vom „Absteppen" spricht man, wenn nach dem eigentlichen Zusammennähen die Kanten nach dem Bügeln nochmals von der rechten Warenseite her übersteppt werden.

Versäubern

Versäubern bezeichnet das Umstechen von fertig zugeschnittenen Schnittteilen mit einem Zickzackstich oder einem speziellen Versäuberungsstich. Dadurch wird verhindert, dass die Schnittteile beim Nähen oder späteren Tragen „ausfransen". An Kanten, die bei der späteren Verarbeitung mit Bändern eingefasst oder verstürzt werden, ist ein Versäubern nicht notwendig. In vielen Fällen ist es zeitsparend, wenn Sie nach dem Nähen zwei Nahtzugaben zusammen versäubern. In den folgenden Nähanleitungen wird davon ausgegangen, dass alle später sichtbaren Kanten vor dem eigentlichen Nähen umstochen werden. Es wird also nicht weiter auf das Versäubern eingegangen.

Verstürzen

Unter Verstürzen versteht man das Zusammennähen von zwei Schnittteilen (die beiden rechten Stoffseiten liegen aufeinander), die anschließend gewendet werden. Die Nahtzugaben liegen nach dem Verstürzen innen zwischen den beiden Stofflagen.

Vlieseline

Vlieseline ist ein anderer Begriff für Einlage. Sie empfiehlt sich vor allem zur Verstärkung von dünnen Stoffen und verhindert außerdem ein späteres Ausfransen der Nahtzugaben. In der Regel wird sie auf die linke Stoffseite aufgebügelt (aufgedruckte Herstellerhinweise auf den Rändern beachten). Die Auswahl an verschiedenen Einlagen ist groß, stimmen Sie die Art auf Ihren Stoff ab.

Belege

Mit einem Beleg werden Kanten verstürzt. Belege werden meistens mit Vlieseline verstärkt und nur an den später sichtbaren Kanten versäubert. Sie müssen häufig als Extra-Schnittteil vom Vorlagenbogen abgepaust werden.

Nahtzugaben

Zu dem auf dem Stoff aufgelegten Schnitt wird, wenn es nicht anders angegeben ist, 1 cm Nahtzugabe angezeichnet. Entlang dieser Linie wird das Schnittteil aus dem Stoff ausgeschnitten.
Es sollten immer einheitlich große Nahtzugaben angezeichnet werden, damit die Stoffe kantengleich aufeinander gelegt und leichter zusammengenäht werden können. Bei Applikationen sind keine Nahtzugaben erforderlich.

Tipps, Tricks und Verarbeitungen

Applizieren

Zum Applizieren müssen die Schnittteile zunächst aus dem Vorlagenbogen herauskopiert und ausgeschnitten werden. Bestehen die gewählten Stoffreste aus dünnem Material, bügeln Sie auf die linke Seite Vlieseline und darauf wiederum Vliesofix (Klebeschicht auf Trägerpapier) auf. Legen Sie die herauskopierten Schnittteile dann seitenverkehrt auf das Trägerpapier und zeichnen Sie die Konturen mit einem Bleistift nach.

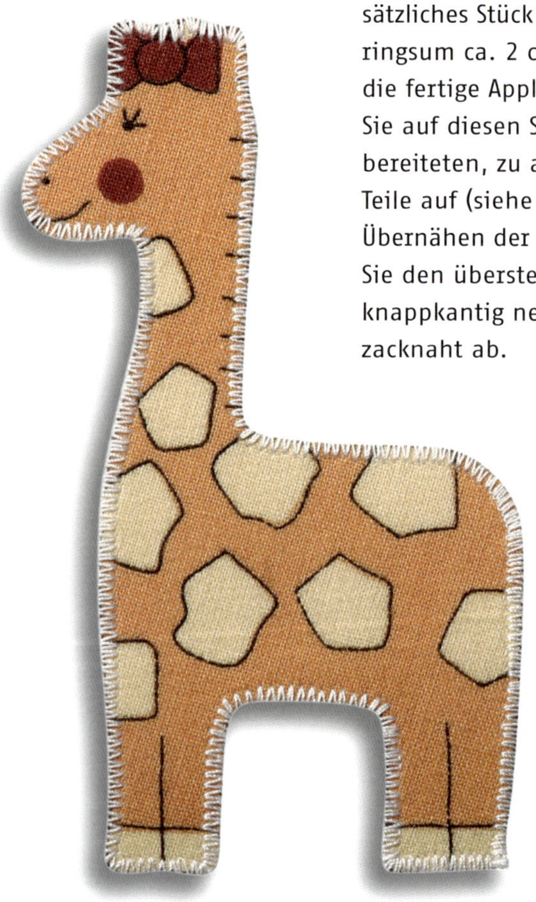

Schneiden Sie nun die Formen mit einer scharfen Schere sehr sorgfältig aus dem verstärkten Stoff aus. Soll die Applikation z. B. auf einem Lätzchen angebracht werden, entfernen Sie das Trägerpapier und bügeln die Teile auf. Die einzelnen Schnittteile sollten aneinander stoßen und dürfen einander höchstens 1 mm überlappen, da die offenen Schnittkanten von zwei aneinander liegenden Teilen ebenso wie alle Außenkanten mit dem Zickzackstich übernäht werden müssen.

Wird die Applikation nicht direkt aufgenäht, sondern als loses Teil gebraucht, schneiden Sie ein zusätzliches Stück Stoff zu, welches ringsum ca. 2 cm größer ist als die fertige Applikation. Bügeln Sie auf diesen Stoffrest die vorbereiteten, zu applizierenden Teile auf (siehe o.). Nach dem Übernähen der Kanten schneiden Sie den überstehenden Rand knappkantig neben der Zickzacknaht ab.

Kanten einfassen

Zum Einfassen von Kanten gibt es zwei Methoden. Sie können entweder fertig vorgefalztes Schrägband nehmen, dieses um die offene Schnittkante legen (die breitere Seite liegt unten) und dann von oben feststeppen.

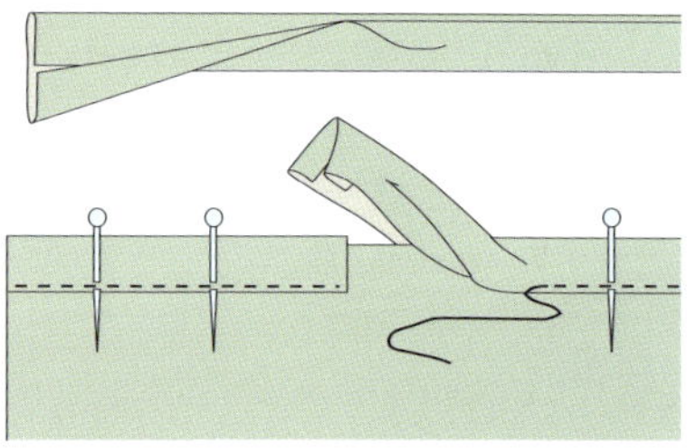

Oder Sie haben die Möglichkeit, sich aus Stoffresten selbst Schrägstreifen zuzuschneiden (3,5 bis 4 cm breit/schräger Fadenlauf) und diese gemäß der Abbildung (siehe S. 11.) zu verarbeiten. Steppen Sie das Schrägband rechts auf rechts auf das Schnittteil (7 mm bis 1 cm Nahtbreite) und legen Sie es dann um die offene Kante. Anschließend wird das Band an der Rückseite nach links eingeschlagen und von Hand festgenäht oder mit der Maschine festgesteppt. Alle Rundungen müssen bis zur Nahtlinie eingeschnitten werden, die Nahtzugabe darf jedoch keinesfalls zurückgeschnitten werden. Bei Rundungen wird das Einfassen erleichtert, wenn das Band vor dem Aufnähen bereits in Form gebügelt wurde.

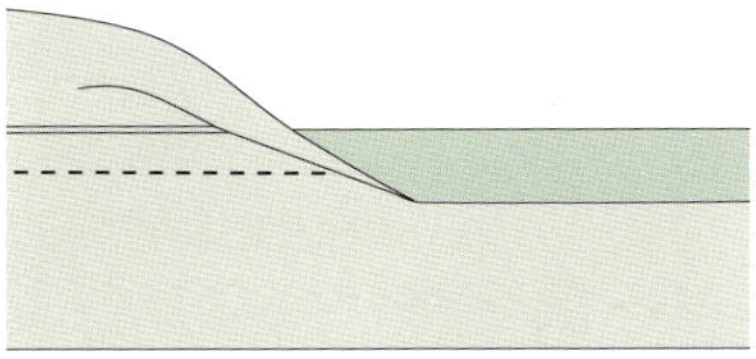

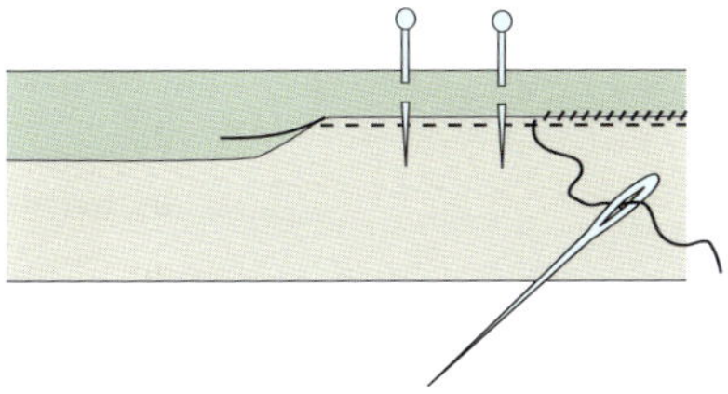

Bänder verstürzen

Für zu verstürzende Bänder eignen sich Stoffstreifen von 4 cm Breite, ein schräger Fadenlauf ist von Vorteil. Zum Verstürzen wird das Band rechts auf rechts gefaltet und die Kanten anschließend über die gesamte Länge aufeinander gesteppt (Nahtbreite 1 cm). Danach werden die Nahtzugaben knappkantig zurückgeschnitten und das Band wird durch Zuhilfenahme einer dicken Stopfnadel gemäß unten stehender Abbildung gewendet. Nach dem Wenden wird das Band gebügelt. Anfang und Ende können vor dem Steppen bereits nach links umgeschlagen werden, dieses erschwert jedoch das Wenden. Sie können die Ränder auch nach dem Wenden nach innen einschlagen und von Hand festnähen.

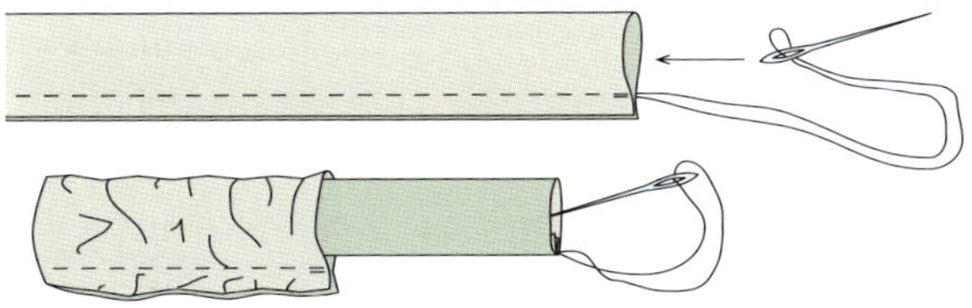

Schleifen nähen

Zur Herstellung einer Schleife wird zunächst ein Stoffstreifen entlang der Längsseite rechts auf rechts gefaltet, an den Kanten zusammengenäht und gewendet (siehe o., Bänder verstürzen). Anschließend wird das Band zur Mitte hin gefaltet. Die aneinander stoßenden offenen Schmalseiten werden mit einigen Handstichen festgenäht. Mit einem ausreichend langen Faden wird die Schleife in der Mitte fest zusammengezogen und umwickelt. Anschließend wird ein kleines rechteckiges Stück Stoff an den Außenseiten nach links eingeschlagen, um die Mitte der Schleife gelegt (siehe Abbildung) und mit Handstichen befestigt.

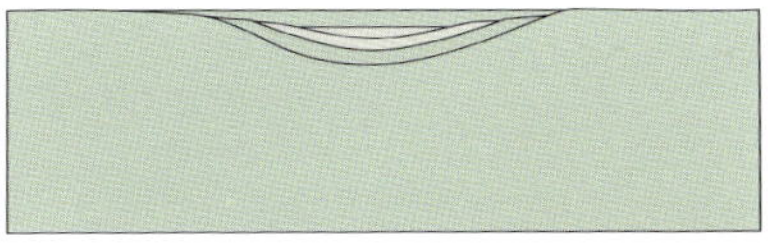

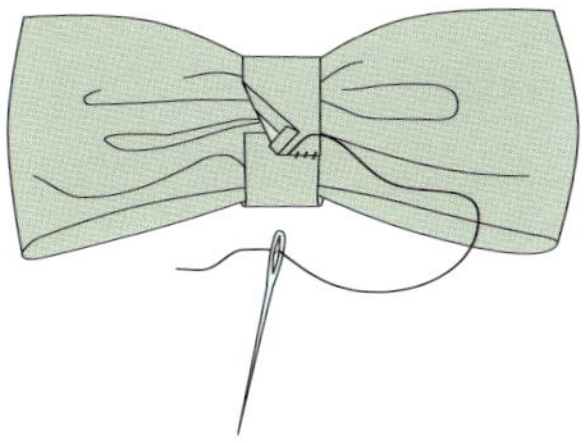

Tischset

Material

Baumwollstoff orange-naturweiß kariert, 86 x 44 cm pro Tischset
Frotteestoffreste hellbraun (Applikationen)
Vlieseline, 50 x 44 cm pro Tischset
Vliesofix (Applikationen)
Nähgarn weiß, hellbraun
Textilmalstift mit Plustereffekt schwarz (z. B. Fun Liner Magic von Marabu)
Wackelaugen, ø 8 mm
Sekundenkleber

Zuschnitt

Für dieses Modell benötigen Sie auf dem Vorlagenbogen die Schnittteile Tischset 1a, Applikationen Bär 1b, Hase 1c.
Die Schnittteile aus dem Vorlagenbogen herauskopieren, ausschneiden und auf den Stoff übertragen. Die Baumwollstoff- und Frotteestücke für den Bären oder Hasen grob zuschneiden und von links Vlieseline, anschließend Vliesofix aufbügeln. Dann die entsprechenden Papierschnittteile seitenverkehrt auf das Trägerpapier legen, die Konturen nachzeichnen und ausschneiden. Nun die Schnittteile aneinander legen und für die Rückseite ein Rechteck zuschneiden, welches ringsum ca. 2 cm übersteht.
Für die Schleife einen 12 x 3,5 cm großen Stoffstreifen zuschneiden. Die zwei Stücke für das Tischset mit 1cm Nahtzugabe zuschneiden, bei dünnem Stoff das eine Stück mit Vlieseline bekleben.

Verarbeitung

Zum Applizieren das Trägerpapier von den Schnittteilen abziehen und diese auf die linke Seite des dafür zugeschnittenen Rechtecks aufbügeln. Die Kanten der Schnittteile sollten aneinander stoßen und dürfen einander höchstens 1 mm überlappen.
Nach dem Aufbügeln alle offenen Kanten mit einem kleinen und dicht eingestellten Zickzackstich übernähen. Danach den überstehenden Stoff der Rückseite direkt neben der Naht mit einer scharfen Schere abschneiden.
Die Schleife wie auf Seite 11 beschrieben fertigen und aufnähen. Die Nase mit dem Textilmalstift aufmalen und entsprechend den Herstellerangaben bügeln. Die Augen können ebenfalls mit dem Textilmalstift aufgezeichnet werden. Kleben Sie Wackelaugen auf, ist die Waschtauglichkeit etwas eingeschränkter.
Nach der Fertigstellung vom Bären oder Hasen wird das Tischset verstürzt. Hierzu die beiden Schnittteile rechts auf rechts aufeinander legen, mit Nadeln feststecken und ringsum, ausgenommen der Öffnung zum Wenden, aufeinander steppen. Die Nahtzugaben auf ca. 3 mm zurückschneiden, die Rundungen vorsichtig einschneiden und mit der Schere herausdrücken. Das Tischset wenden und die Kanten bügeln. In die noch vorhandene Öffnung den Bären bzw. Hasen schieben und feststecken. Die Öffnung vorn und hinten mit kleinen Handstichen zunähen. Je nach Wunsch kann das Tischset nochmals ringsum abgesteppt werden.

Lätzchen

Material

Rosa Lätzchen
Baumwollstoff rosa-rot gemustert, 30 x 30 cm
Frotteestoff weiß, 75 x 35 cm
Vlieseline, 30 x 30 cm
Vliesofix (Applikationen)
Nähgarn weiß

Blaues Lätzchen
Baumwollstoff blau-weiß kariert, 40 x 35 cm
Frotteestoff weiß, 55 x 35 cm
Vlieseline, 40 x 35 cm
Vliesofix (Applikationen)
Nähgarn weiß
Klettverschluss weiß, 2 cm

Zuschnitt

Für das rosa Lätzchen benötigen Sie auf dem Vorlagenbogen die Schnittteile Lätzchen 2a, Applikationen Buchstaben (A–Z) 2b, für das blaue Lätzchen die Schnittteile Lätzchen 3a, Applikation Auto 3b.

Die benötigten Schnittteile aus dem Vorlagenbogen herauskopieren und sorgfältig ausschneiden. Die Grundform des Lätzchens mit 1 cm Nahtzugabe aus Baumwoll- und Frotteestoff zuschneiden. Die Markierung übertragen (Klettverschluss).
Die Lätzchenform aus Baumwolle auf der linken Seite mit Vlieseline bekleben. Für das Bindeband des rosa Lätzchens einen 75 x 4 cm großen Streifen aus Frottee zuschneiden.
Nun die Frotteestücke für die gewählten Buchstaben (rosa Lätzchen) oder das Auto (blaues Lätzchen) grob zuschneiden und von links Vliesofix aufbügeln. Dann die Papierschnittteile seitenverkehrt auf das Trägerpapier legen, die Konturen nachzeichnen und ausschneiden.

Verarbeitung

Die Buchstaben oder das Auto auf die Lätzchenvorderseite applizieren. Dazu ziehen Sie das Trägerpapier von den Frotteeteilen ab, platzieren die Schnittteile mittig auf dem Lätzchen und bügeln diese von der rechten Seite auf. Danach die Kanten mit einem kleinen und dicht eingestellten Zickzackstich übernähen.
Nun das Stoff- und Frotteeteil des Lätzchens miteinander verstürzen. Hierzu die beiden Teile rechts auf rechts aufeinander legen, mit Nadeln aufeinander stecken und entlang der äußeren Rundung aufeinander nähen.
Die Rundung am Hals (rosa Lätzchen) bzw. ein Stück der unteren Kante (blaues Lätzchen) bleibt zum Wenden offen. Die Nahtzugaben auf ca. 3 mm zurückschneiden und an einigen Stellen (ca. alle 5 cm) vorsichtig bis kurz vor die Nahtlinie einschneiden. Das Teil wenden, die Naht zwischen den Fingern „herausrollen“ und überbügeln.

Rosa Lätzchen: Das Bindeband rechts auf rechts an die Halsöffnung stecken. Markieren Sie dazu zunächst die Mitte des Halsausschnittes und die Mitte des Bandes. Beide Markierungen müssen exakt aufeinander liegen. Steppen Sie dann das Bindeband an den Halsausschnitt. Anschließend die Nahtzugaben des Lätzchens stufig zurückschneiden, die Rundungen vorsichtig einschneiden. Schlagen Sie nun die noch offene Nahtzugabe des Bindebandes nach links ein und stecken Sie sie auf der Rückseite des Lätzchens knapp über der Steppnaht mit

Nadeln fest. Die offenen Kanten und Enden des Bindebandes gegeneinander einschlagen und ebenfalls mit Nadeln feststecken. Danach das gesamte Band von Hand ansäumen oder mit der Nähmaschine übersteppen.

Blaues Lätzchen: Die Nahtzugaben an der unteren Kante (Öffnung zum Wenden) gegeneinander einschlagen und mit einigen Handstichen zunähen. Den Klettverschluss entsprechend der Markierung auf dem Vorlagenbogen feststeppen.

Krabbeldecke

Material

Frotteestoff naturweiß, 120 x 90 cm (Decke)
Frotteestoff naturweiß, 85 x 45 cm (Hund)
Baumwollstoff rosa-rot-blau kariert, 150 x 120 cm (Decke)
Baumwollstoff rosa-rot gemustert, 135 x 55 cm
Baumwollstoff rosa-rot-blau kariert, 60 x 35 cm (Hundehalstuch, Schleife)
Volumenvlies, 135 x 105 cm
Vlieseline, 135 x 30 cm
Nähgarn naturweiß, rosa, schwarz
Füllwatte
Klettverschluss weiß, 10 cm
Filzreste schwarz, weiß
dicke Stopfnadel

Diese Krabbeldecke ist an der Oberseite aus Frottee und einer Blende aus Baumwollstoff mit darüber gelegtem Paspelstreifen gearbeitet. Die Rückseite besteht aus einem durchgehenden Stück Baumwollstoff, dazwischen ist beim Verstürzen ein Volumenvlies mitgefasst. Die Größe der Krabbeldecke kann entsprechend Ihrer Vorstellung variieren. Sie kann anfangs als reine Krabbeldecke genutzt, später durch das Entfernen des Hundes (Klettverschluss) als Tagesdecke eingesetzt werden (je nach Größe). Die Größe dieses Modells (130 x 100 cm) ergibt sich durch das verwendete Badetuch.

Zuschnitt

Für dieses Modell benötigen Sie auf dem Vorlagenbogen die Schnittteile Hund Seitenteil 5a, Bauchteil 5b, Ohren 5c.

Wählen Sie eine andere Frotteestoffgröße, wird die Größe des Baumwollstoffes entsprechend angepasst. Die Breite der Blende beträgt 7 cm inkl. 1 cm Nahtzugaben, die Paspelstreifen sind 5 cm breit (inkl. Nahtzugaben). Die Länge von Blende und Paspel ergibt sich aus der gewählten Frotteestoffgröße. Schneiden Sie zunächst nur Blenden und Paspeln für zwei gegenüberliegende Seiten zu, die beiden übrigen Blenden- und Paspellängen messen Sie erst nach dem Verarbeiten der beiden ersten aus. Auch die Rückseite der Decke erst nach Fertigstellung der Vorderseite zuschneiden, in den gleichen Maßen das Volumenvlies vorbereiten. Für die gepunktete Hundedecke in der Ecke ein Quadrat mit 35 cm Seitenlänge zuschneiden. Die Blenden werden vor dem Nähen mit Vlieseline beklebt.
Die Schnittteile für den Hund aus dem Vorlagenbogen herauskopieren und ausschneiden.
Die Formen entsprechend der Schnittbeschriftung mit 1 cm Nahtzugabe aus Frotteestoff zuschneiden. Aus kariertem Stoff für das Hundehalstuch zwei Quadrate mit 30 cm Seitenlänge zuschneiden, für die Schleife einen 25 cm langen und 4 cm breiten Streifen vorbereiten.

Verarbeitung Decke

Den ersten Paspelstreifen der Länge nach links auf links bügeln und kantengleich ca. 7 mm breit auf die rechte Seite einer Blende steppen. Anschließend das Ganze rechts auf rechts an den Frotteestoff steppen. Die Blende zurückschlagen und die Kante bügeln, die Nahtzugaben liegen zum Frottee hin. Diese Arbeitsschritte auch auf der gegenüberliegenden Seite durchführen. Schneiden Sie nun die beiden übrigen Blenden und Paspeln zu. Beim Nähen gehen Sie wie oben beschrieben vor.
Stecken Sie dann auf die linke Stoffseite der fertig gestellten Vorderseite das grob zugeschnittene Volumenvlies mit Nadeln fest und steppen Sie es mit einer Nahtbreite von ca. 5 mm auf. Das überstehende Vlies abschneiden. Danach die Rückseite der Krabbeldecke zuschneiden und mit der Vorderseite verstürzen. Hierzu die beiden Teile rechts auf rechts legen und ringsum aufeinander steppen, dabei eine Öffnung von ca. 40 cm zum Wenden stehen lassen. Das Volumenvlies beim Nähen mitfassen. Nach dem Steppen die Nahtzugaben stufig zurückschneiden, die Ecken

schräg abschneiden. Das Teil durch die Öffnung wenden, die Kanten herausrollen und die Ecken mit der Schere herausdrücken. Die Kanten ringsum bügeln und die Öffnung mit einigen Handstichen zunähen. Für die gepunktete Hundedecke das Quadrat zu einem Dreieck falten. Die Nahtzugaben versäubern, ca. 1 cm nach links umbügeln und das Dreieck knappkantig in eine Ecke der Decke an die Paspelstreifen steppen.

Verarbeitung Hund

Die beiden Seitenteile des Hundes rechts auf rechts legen und von der Spitze der Schnauze (1) bis zum Rückenende (2) aufeinander steppen. Die Nahtzugabe bis auf ca. 3 mm zurückschneiden, die Rundungen vorsichtig einschneiden, das Teil wenden und die Naht herausdrücken.
Anschließend das Bauchteil in zwei Arbeitsschritten rechts auf rechts an die Seitenteile steppen. Beginnen Sie dabei direkt am letzten Stich an der Schnauze des Hundes (1) und enden Sie jeweils am Rücken (3). Die Nahtzugaben an der Schnauze knapp abschneiden, die Rundungen einschneiden und die übrigen Nahtzugaben zurückschneiden. Den Hund wenden, die Nähte herausrollen und das Tier mit Füllwatte ausstopfen. Die Öffnung mit einem Zickzackstich schließen und von unten einen Streifen des Klettverschlusses quer aufnähen. Die andere Hälfte des Verschlusses unter der Hundedecke auf dem Frottee befestigen.
Jetzt die Ohren verstürzen, die Nahtzugaben zurückschneiden und die Rundungen einschneiden. Die Teile wenden und bügeln. Die offenen Kanten nach links einschlagen, die Ohren mit Nadeln an den Kopf stecken und von Hand mit einem doppelt gelegten Faden annähen. Für die Augen kleine Kreise, für die Schnauze ein Dreieck aus Filz zuschneiden und die Filzstücke von Hand festnähen (ggf. alles aufsticken). Für die Schleife das karierte Band verstürzen (siehe S. 11), auf dem Kopf feststecken und von Hand festnähen. Für das Halstuch die zwei karierten Stoffquadrate verstürzen (Öffnung zum Wenden lassen), die Nahtzugaben und Ecken abschneiden. Das Teil wenden und die Öffnung von Hand zunähen. Das Tuch bügeln und um den Hals des Hundes drapieren.

Fleece-Jacke

Material

Fleece hellblau mit Rosenmuster, 150 x 75 cm
Vlieseline, 80 x 40 cm
Nähgarn hellblau
teilbarer Reißverschluss silber-hellblau, 25 cm
Kordel hellblau, 80 cm
Sicherheitsnadel

Größe

62/68

Zuschnitt

Für dieses Modell benötigen Sie auf dem Vorlagenbogen die Schnittteile Vorderteil 4a, Rückenteil 4b, Ärmel 4c, Kapuze 4d.

Die Schnittteile aus dem Vorlagenbogen herauskopieren, die Belege als Extra-Schnittteile abpausen. Die Teile ausschneiden, auf den Stoff legen und diesen entsprechend der Schnittbeschriftung zuschneiden. Wo es nicht anders angegeben ist, 1 cm Nahtzugabe berücksichtigen. Die Markierungen (Schlitzzeichen, Schulterpunkte etc.) auf den Stoff übertragen. Dann die Belege auf der linken Stoffseite mit Vlieseline bekleben.

Verarbeitung

Die Vorderteile rechts auf rechts auf das Rückenteil legen. Die Schulternähte steppen und die Nahtzugaben auseinander bügeln. Den angeschnittenen Ärmelsaum entlang der Saumlinie nach links umbügeln, von Hand festheften oder mit der Maschine von rechts übersteppen (wenn vorhanden, mit dem Overlock-Stich). Den offenen Ärmel nun rechts auf rechts ins Vorder- und Rückenteil steppen, bitte beachten Sie dabei die Schulter- und Ärmelzeichen. Anschließend die Nahtzugaben in den Ärmel bügeln. Schließen Sie dann die Ärmel- und fortlaufend die Seitennaht bis zum Schlitzzeichen, dabei Nahtende und -anfang sorgfältig verriegeln. Die Nahtzugaben auseinander bügeln. Die Nahtzugaben am Ärmelsaum zu den Seiten umlegen und nochmals ca. 1 cm breit von rechts übersteppen.
Nähen Sie nun den Reißverschluss in die Vorderteile. Stecken Sie dazu die einzelnen Reißverschlusshälften rechts auf rechts mit einem Abstand von ca. 3 mm zur vorderen Kante auf die Vorderteile, die Zähnchen des Reißverschlusses zeigen dabei zu den Seitennähten. Steppen Sie die Reißverschlusshälften an die Vorderteile, verwenden Sie dabei ein spezielles Reißverschlussfüßchen. Nach dem Einstürzen die Reißverschlusshälften nach vorn umlegen und die Kante vorsichtig von rechts überbügeln.
An den beiden Kapuzenhälften die Stellen für das Knopfloch (Kordeldurchzug) mit kleinen Vlieselineresten bekleben, danach die beiden Knopflöcher von rechts einnähen. Die Kapuzenhälften werden durch eine Rechts-Links-Naht zusammengenäht. Steppen Sie dazu die beiden Teile zunächst links auf links aufeinander (Nahtbreite ca. 3 mm). Legen Sie dann die Kapuze rechts auf rechts und steppen Sie diese Naht nochmals

von der anderen Seite über (Nahtbreite ca. 7 mm), die Nahtzugaben werden dabei eingeschlossen. Die Naht bügeln. Anschließend für den Kordeldurchzug den angeschnittenen Kapuzenbeleg entlang der Umbruchlinie nach links umbügeln und ggf. von Hand festheften. Steppen Sie jetzt den Beleg von rechts fest, auch hier evtl. wieder mit dem Overlock-Stich. Nähen Sie danach die Kapuze rechts auf rechts an den Halsausschnitt (Nahtbreite ca. 5 mm).
Achten Sie darauf, dass die Rechts-Links-Naht der Kapuze mittig auf dem Rückenteil festgesteppt wird.
Die Vorderteilbelege rechts auf rechts an den Rückenbeleg nähen und die Nahtzugaben auseinander bügeln. Steppen Sie nun den Saumbeleg des Rückenteils oberhalb des Schlitzzeichens rechts auf rechts an die Vorderteilbelege. Auch hier die Nahtzugaben auseinander bügeln. Stecken Sie dann die aneinander genähten Belege rechts auf rechts an die Ausschnittkanten. Achten Sie darauf, dass die Schulternähte von Beleg und Jacke exakt aufeinander liegen.

Verstürzen Sie nun zunächst den Halsausschnitt. Steppen Sie dazu Beleg und Jacke bis zur Reißverschlusskante aufeinander, die Kapuze wird beim Nähen mitgefasst. Danach schneiden Sie die Nahtzugaben stufig zurück und die Rundungen bis kurz vor die Nahtlinie vorsichtig ein. Steppen Sie anschließend die Saumbelege rechts auf rechts an die untere Jackenkante. Beginnen Sie dazu an der Reißverschlusskante und enden Sie am letzten Stich der Seitennaht (am Schlitzzeichen). Beginnen Sie dann wieder auf der anderen Seite des Schlitzzeichens und steppen Sie den Rückenteilbeleg fest. Enden Sie dabei wieder am letzten Stich der Seitennaht.
Der Beleg entlang dem Reißverschluss bleibt zunächst offen. Schneiden Sie die Nahtzugaben an den verstürzten Kanten stufig zurück, die Rundungen vorsichtig einschneiden. Jetzt können Sie die gesamten Belege nach rechts wenden und die Kanten vorsichtig bügeln. Die noch offenen Belegkanten am Reißverschluss nach links einschlagen, mit Nadeln am Reißverschlussband feststecken und von Hand annähen.

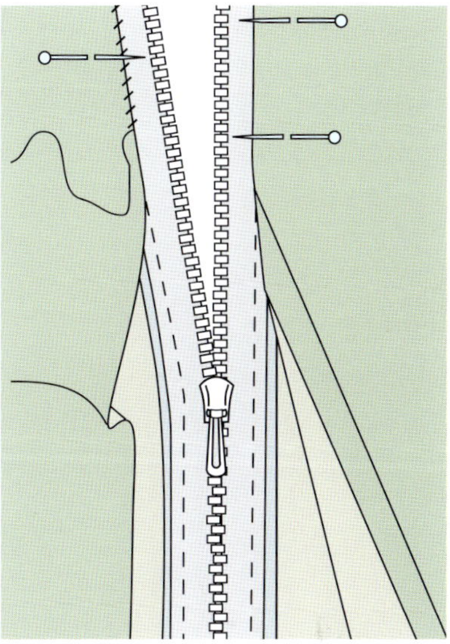

Die Belege entlang dem Saum nochmals von rechts übersteppen. Zuletzt die Kordel mithilfe einer Sicherheitsnadel in die Kapuze einziehen.

Schlafsack

Material

Baumwollstoff rosa-rot-blau kariert, 150 x 100 cm
Frotteestoff naturweiß, 150 x 100 cm
Baumwollstoff rosa-rot gemustert, 85 x 3,5 cm
Nähgarn rosa
Reißverschluss weiß, 70 cm
fertig vorgefalztes Schrägband rosa/Baumwollschrägstreifen rosa-rot gemustert, 250 cm
dicke Stopfnadel

Länge

90 cm

Zuschnitt

Für dieses Modell benötigen Sie auf dem Vorlagenbogen die Schnittteile Vorderteil 6a, Rückenteil 6b.

Die Schnittteile für das obere Vorder- und Rückenteil aus dem Vorlagenbogen herauskopieren und ausschneiden. Die Formen entsprechend der Schnittbeschriftung aus Baumwoll- und Frotteestoff (der Schlafsack wird gedoppelt) zuschneiden. Am Hals- und an den Armausschnitten keine Nahtzugaben anschneiden, alle übrigen Ränder mit Nahtzugaben versehen.
Für das untere Rückenteil aus dem Baumwoll- und Frotteestoff jeweils ein 62 cm breites und 67 cm langes Rechteck (inkl. Nahtzugaben) zuschneiden. Für das untere Vorderteil benötigen Sie von beiden Stoffen (inkl. Nahtzugaben) jeweils zwei Rechtecke von 32 cm Breite und 67 cm Länge. Die unteren Ecken des Schlafsacks zeichnen Sie mithilfe eines runden Gegenstands (z. B. mit einer Tasse) abgerundet auf, das erleichtert das Zusammennähen von Vorder- und Rückenteil.
Für die Schleife schneiden Sie zwei 4 cm breite und 22 cm lange karierte Baumwollstoffstreifen zu. Die gepunkteten Paspeln in der Taillennaht sind inkl. Nahtzugaben 3,5 cm breit, für die Vorderteile brauchen Sie jeweils einen 22 cm langen, für das Rückenteil einen 40 cm langen Streifen.

Verarbeitung

Zunächst wird das Baumwollteil hergestellt. Das Unterteil des Schlafsacks muss in der Taille in Falten gelegt werden. Dazu die unteren Vorderteile an die oberen Vorderteile und das untere Rückenteil an das obere Rückenteil legen. Nun die Oberkante der unteren Vorderteile jeweils in ca. drei, die des unteren Rückenteils in sechs gleichmäßige Falten legen (Falten zeigen zur Seitennaht hin). Die Falten mit Nadeln feststecken, nochmals mit dem entsprechenden Oberteil abgleichen und innerhalb der Nahtzugabe feststeppen. Die drei Paspelstreifen für die Taille links auf links bügeln und von rechts kantengleich an die Oberteile stecken (die offenen Schnittkanten liegen übereinander). Anschließend die Oberteile an die unteren Rücken- und Vorderteile steppen, der Paspelstreifen wird mitgefasst. Nach dem Steppen die Nahtzugaben ins Oberteil bügeln, der Paspel liegt im Unterteil.
Legen Sie nun den Reißverschluss ca. 1,5 cm von der oberen Kante (Halsausschnitt) entfernt an und markieren Sie das Reißverschlussende. Dementsprechend die vordere Mittelnaht schließen und auseinander bügeln. Anschließend die Schulter- und Seitennähte sowie fortlaufend die untere Kante schließen, die Nahtzugaben auseinander bügeln.
Beim Frottee gehen Sie wie oben beschrieben vor, Sie verzichten lediglich auf den Paspelstreifen in der Taille. Die Taillennaht kann beim Frottee wahlweise auch eingekräuselt werden (siehe S. 25).
Setzen Sie nun den Reißverschluss unter Verwendung eines Reißverschlussfüßchens verdeckt in den Baumwollschlafsack ein. An der oberen Kante des Halsausschnittes müssen ca. 1,5 cm zum Einfassen stehen bleiben. Danach den Frottee- in den Baumwollschlafsack schieben, die beiden linken Stoffseiten liegen aufeinander. Steppen Sie

Frottee- und Baumwollschlafsack knappkantig (ca. 5 mm breit) entlang den Ausschnittkanten aufeinander fest. Fassen Sie nun die offenen Arm- und Halsausschnittkanten mit fertig vorgefalztem Schrägband ein oder verwenden Sie selbst gefertigte Schrägstreifen aus Baumwollstoff (siehe S. 10). Anschließend am Reißverschluss den Frottee nach links einschlagen, mit Nadeln am Reißverschlussband feststecken und von Hand annähen. Für die Schleife die beiden Bänder verstürzen (siehe S. 11) und jeweils an die obere Ausschnittkante steppen.

Bettumrandung

Material

Baumwollstoff weiß,
152 x 95 cm
Baumwollstoff mit Tiermotiven in Brauntönen
Vlieseline und Vliesofix (Applikationen)
Nähgarn weiß
dicke Stopfnadel
3 Schaumstoffstücke, je 50 x 21 cm, 1 cm dick

Größe

150 x 21 cm

Zuschnitt

Die Bettumrandung ist aus zwei Teilen (Vorder- und Rückseite) gearbeitet. Alternativ können Sie jeweils drei Stoffteile von 50 x 21 cm Größe (zzgl. Nahtzugaben) aneinander nähen, auch die Rüsche kann aus drei Teilen bestehen. Stimmen Sie die Verarbeitung auf die Breite Ihres Stoffes ab. Die nachfolgenden Angaben beziehen sich jeweils auf ein durchgehendes Schnittteil.

Schneiden Sie für Vorder- und Rückseite zwei 24 cm breite und 152 cm lange Stoffrechtecke zu. Für die Rüsche zwei 12 cm breite und 152 cm lange Streifen zuschneiden. Für die Bindebänder zur Befestigung am Bett benötigen Sie acht 4 cm breite und 25 cm lange sowie vier 4 cm breite und 50 cm lange Stoffstreifen. (Alle Angaben inkl. Nahtzugaben.) Die Tiermotive grob aus Stoff ausschneiden, aus weißem Stoff passend große „Bilderrahmen" (bei diesem Modell 14 x 12 cm) zuschneiden. Zum Applizieren auf die linke Seite des Motivstoffs grob Vlieseline und Vliesofix aufbügeln, dann das Motiv entlang den Konturen ausschneiden.

Verarbeitung

Das Trägerpapier abziehen und die Motive mittig auf die Bilderrahmen aufbügeln. Die Außenkanten der Tiere mit einem kleinen und dicht eingestellten Zickzackstich übernähen. Dann ebenfalls mit Zickzackstich die Bilder auf das Vorderteil aufnähen. Soll Ihre Bettumrandung aus drei Teilen bestehen, werden jeweils die drei Teilstücke für die Vorderseite und die Rückseite aneinander gesteppt. Die Nahtzugaben auseinander bügeln. Die Bindebänder verstürzen (siehe S. 11), alternativ können Sie fertige Bänder in Weiß verwenden. Die acht 25 cm langen Bänder paarweise übereinander legen. Jeweils ein Bandpaar innerhalb der Nahtzugabe ca. 2,5 cm von der oberen und unteren Kante entfernt an den rechten und linken Rand der Rückseite vorsteppen. Für die Rüsche ggf. die Teilstücke aneinander nähen, danach den Stoff der Länge nach kantengleich links auf links bügeln, Anfang und Ende nach innen einschlagen.

Ziehen Sie jetzt einen Kräuselfaden ein. Stellen Sie dazu die Fadenspannung an Ihrer Nähmaschine herunter und steppen Sie mit einem großen Stich innerhalb der Nahtzugabe über die gesamte Rüschenlänge. Nahtanfang und -ende nicht verriegeln und nicht über die Teilungsnähte steppen, hier immer neu ansetzen!

Ziehen Sie anschließend den Unterfaden an und schieben Sie den Stoff so weit zusammen, dass er die gleiche Länge wie die Oberkante der Bettumrandung aufweist (die Kräusel gleichmäßig verteilen).

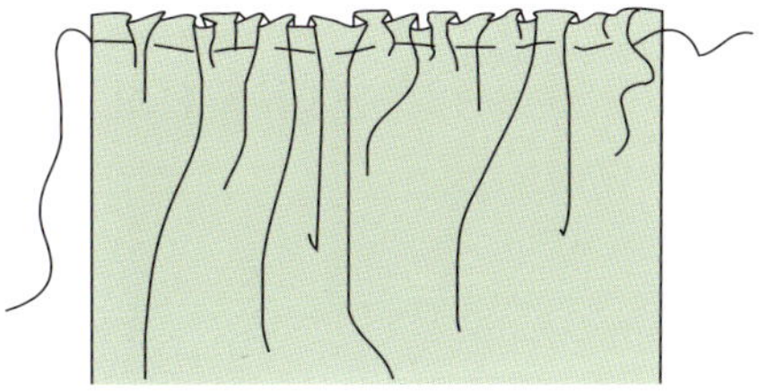

Beachten Sie dabei, dass an den Seiten der Bettumrandung jeweils 1 cm zum Verstürzen frei bleiben muss. Die Rüsche mit Nadeln feststecken und ca. 5 mm breit auf die Vorderseite der Bettumrandung vorsteppen. Legen Sie nun die Rückseite mit den vorgesteppten Bindebändern rechts auf rechts auf das Vorderteil. Steppen Sie dann diese beiden Teile an den Schmalseiten (die vorgesteppten Bänder werden dabei mitgefasst) sowie entlang der oberen Kante aufeinander, die untere Kante bleibt offen. Die Nahtzugaben auf ca. 5 mm zurückschneiden und an den Ecken schräg abschneiden. Das Teil wenden und die Kanten bügeln. Stecken Sie Vorder- und Rückseite faltenfrei aufeinander und steppen Sie im Abstand von 50 cm (ggf. im Nahtschatten zwischen den Teilstücken) Teilungsnähte ein. Enden Sie mit den Nähten ca. 2 cm vor der unteren offenen Kante. Steppen Sie die Mitte der vier 50 cm langen Bindebänder auf die Teilungsnähte auf der Rückseite der Bettumrandung (Abstand von oberer und unterer Kante ca. 1,5 cm). Stecken Sie anschließend die drei Schaumstoffteile in die Bettumrandung und schlagen Sie die Nahtzugaben entlang der unteren Kante ca. 1 cm nach innen ein. Diese Kante mit der Maschine übersteppen oder von Hand zunähen.

Bettwäsche

Material

Baumwollstoff weiß,
360 x 140 cm
Baumwollstoff mit Tiermotiven in Brauntönen
Baumwollstoff in Brauntönen,
102 x 12 cm
Vlieseline und Vliesofix (Applikationen)
Nähgarn weiß
9 Wäscheknöpfe

Größe

Bettbezug 135 x 100 cm
Kissenbezug 55 x 35 cm

Zuschnitt

Für den Bettbezug schneiden Sie ein 157 x 102 cm (Oberseite), ein 126 x 102 cm (Unterseite) und ein 102 x 28 cm (Überwurf) großes Stoffstück zu. Für das Kopfkissen benötigen Sie ein 57 x 49 cm (Oberseite) und ein 57 x 32 cm (Unterseite) großes Rechteck. Für die Schleifen werden drei 4 cm breite und 50 cm lange Streifen in Brauntönen zugeschnitten, für das Band zum Einfassen der Überwurfkante ein 4 cm breiter und 102 cm langer Streifen. (Alle Angaben inkl. Nahtzugaben.)
Die Tiermotive grob aus Stoff ausschneiden, aus weißem Stoff passend große „Bilderrahmen" (bei diesem Modell 14 x 12 cm) zuschneiden. Den Motivstoff linksseitig grob mit Vlieseline, anschließend mit Vliesofix bekleben, danach das Motiv exakt entlang den Konturen ausschneiden.

Verarbeitung Bettbezug

Bei den Tiermotiven für die Decke das Trägerpapier abziehen und die Motive mittig auf die Bilderrahmen aufbügeln. Die Außenkanten der Tiere mit einem kleinen und dicht eingestellten Zickzackstich übernähen. Danach die Bilderrahmen ebenfalls mit Zickzackstich auf den Überwurf nähen. Die untere Kante des Überwurfs mit dem vorbereiteten Streifen einfassen (siehe S. 10).
Jetzt werden die Knopfleisten eingearbeitet. Dazu jeweils eine 102 cm lange Seite der großen Deckenteile zunächst ca. 1 cm, dann weitere 3 cm nach links umbügeln. Die Kanten knappkantig feststeppen. Arbeiten Sie an dem kürzeren Teil in gleichen Abständen fünf Knopflöcher in die Knopfleiste ein. Das erste und das letzte Knopfloch haben einen Abstand von ca. 16 cm zu den Seiten. Stimmen Sie die Knopflochgröße auf die Knopfgröße ab.

Stecken Sie den Überwurf links auf rechts auf die (größere) Oberseite des Bezugs und steppen Sie ihn innerhalb der Nahtzugaben fest (ca. 5 mm breit). Legen Sie nun Ober- und Unterseite des Bezugs rechts auf rechts aufeinander und klappen Sie den unteren Teil der Vorderseite soweit nach links um, dass die Knopfleisten der beiden Bettbezughälften exakt aufeinander liegen. Die Knopfleiste mit den eingearbeiteten Knopflöchern liegt unten. Steppen Sie dann die beiden Teile ringsum aufeinander. Danach die Nahtzugaben auseinander bügeln und den Bezug wenden.
Anschließend für die Schleifen die drei Bänder verstürzen (siehe S. 11). Die Bänder zu Schleifen binden und diese mit

kleinen Handstichen an der Rückseite des Knotens fixieren (die Schleife sollte nicht mehr zu öffnen sein). Die Schleifen von Hand an die eingefasste Kante des Überwurfs nähen, dabei die Oberseite des Bezugs mitfassen. Zum Schluss die Knöpfe am Untertritt annähen.

Verarbeitung Kissenbezug

Die beiden übrigen Tiermotive an der oberen (57 cm langen) Kante auf die Bezugoberseite applizieren. Die Unterkante dieses Teils sowie eine 57 cm lange Kante der Bezugunterseite jeweils zunächst ca. 1 cm, anschließend weitere 3 cm nach links umbügeln. Die Kanten knappkantig feststeppen. Arbeiten Sie nun an dem kürzeren Teil vier Knopflöcher in die Knopfleiste ein. Das erste und letzte Knopfloch haben einen Abstand von ca. 6 cm zu den Seiten. Stimmen Sie die Knopflochgröße auf die Knopfgröße ab.

Stecken Sie die beiden Schnittteile rechts auf rechts aufeinander und klappen Sie den unteren Teil der Vorderseite soweit nach links um, dass die Knopfleisten der beiden Bezughälften exakt aufeinander liegen. Die Knopfleiste mit den eingearbeiteten Knopflöchern liegt unten. Steppen Sie dann die beiden Hälften aufeinander. Die Nahtzugaben auseinander bügeln und das Kissen wenden. Zuletzt die Knöpfe annähen.

Kuscheltücher

Material

Frotteestoff naturweiß, 70 x 50 cm pro Kuscheltuch
Baumwollstoff blau-weiß kariert, 35 x 18 cm (blaues Kuscheltuch)
Baumwollstoff orange-weiß kariert, 36 x 28 cm (orange Kuscheltuch)
Vliesofix (Applikationen)
Nähgarn weiß
Füllwatte
Knopflochgarn grau

Zuschnitt

Für das blaue Kuscheltuch benötigen Sie auf dem Vorlagenbogen die Schnittteile Rumpfteil 7a, hinteres Kopfteil 7b, vorderes Kopfteil 7c, für das orange Kuscheltuch die Schnittteile Rumpfteil 8a, hinteres Kopfteil 8b, vorderes Kopfteil 8c, Blütenblatt 8d.

Die Schnittteile aus dem Vorlagenbogen herauskopieren und ausschneiden. Entsprechend der Schnittbeschriftung die Rumpfteile auf Frotteestoff, die Kopfteile und Blütenblätter auf Frottee- sowie auf Baumwollstoff übertragen und mit 1 cm Nahtzugabe zuschneiden. Die Buchstaben (A–Z) für das blaue Tuch haben die Schnittteilnummer 2b (Lätzchen, S. 14). Den Stoff für die Buchstaben grob zuschneiden und von links Vliesofix aufbügeln. Anschließend die entsprechenden Papierschnittteile seitenverkehrt auf das Trägerpapier legen, die Konturen nachzeichnen und ausschneiden.

Verarbeitung

Orange Kuscheltuch: Für die Blütenblätter jeweils ein Stoff- und ein Frotteeschnittteil rechts auf rechts aufeinander stecken und entlang der äußeren Rundung steppen, die gerade Kante bleibt zum Wenden offen. Die Nahtzugaben ringsum auf ca. 3 mm zurückschneiden, die Spitze abschneiden. Das Teil wenden und die Kanten bügeln. Die Blätter gleichmäßig mit Füllwatte ausstopfen und die offenen Kanten von Hand zunähen.

Orange/blaues Kuscheltuch: Für das kleine und große Kopfteil die entsprechenden Stoff- und Frotteeteile rechts auf rechts aufeinander steppen, dabei die im Schnitt markierte Öffnung zum Wenden offen lassen. Auch hier nach dem Nähen die Nahtzugaben auf ca. 3 mm zurückschneiden, die Rundungen und Ecken bis kurz vor die Nahtlinie vorsichtig einschneiden. Die Teile wenden, die Rundungen mit der Schere vorsichtig herausdrücken und die Kanten bügeln. Die Teile mit Füllwatte ausstopfen und die Öffnungen mit Handstichen zunähen.

Orange Kuscheltuch: Die Blütenblätter symmetrisch auf die Frotteerückseite des größeren Kopfteils stecken (sie ragen ca. 7 cm hinter dem fertigen Kopf hervor) und mit einem doppelt gelegten Faden sorgfältig von Hand festnähen.

Orange/blaues Kuscheltuch: Steppen Sie nun die beiden Rumpfteile rechts auf rechts aufeinander, beachten Sie die Öffnung zum Wenden. Danach die Nahtzugaben auf ca. 3 mm zurückschneiden, die Rundungen einschneiden, das Teil wenden und die Kanten bügeln.

Blaues Kuscheltuch: Die Buchstaben auf das Rumpfteil aufbügeln und mit einem kleinen, dicht eingestellten Zickzackstich aufnähen.

Orange/blaues Kuscheltuch: Stecken Sie nun das Rumpfteil mit der oberen, offenen Kante von hinten auf das große Kopfteil und befestigen Sie es mit einem doppelt gelegten Nähfaden von Hand. Stecken Sie das kleinere Gesichtsteil mit Nadeln auf das Größere. Sticken Sie dann mit dem grauen, doppelt gelegten Knopflochfaden Augen und Mund auf. Stechen Sie dabei durch alle Stofflagen und ziehen Sie den Faden fest an, das er-gibt einen plastischen Effekt. Schneiden Sie nun einen Kreis aus dem entsprechenden Baumwollstoff zu, der die offenen Kanten des Rumpfteils auf der Rückseite verdeckt (ca. 8 cm Durchmesser). Fixieren Sie den Kreis mit Nadeln, schlagen Sie die Nahtzugabe nach links ein und nähen Sie das Teil von Hand fest. Zum Abbinden von Armen und Beinen schneiden Sie anschließend für das orange Tuch zwei, für das blaue Tuch vier 2 cm breite und 6,5 cm lange Streifen aus Baumwolle zu. Die langen Seiten ca. 5 mm nach links umbügeln. Dann die Streifen beim orangen Kuscheltuch um die seitlichen, beim blauen Tuch um die seitlichen und unteren Rumpfecken legen. Die Enden einschlagen und den Stoff ringsum von Hand festnähen.

Mobile

Material

Baumwollstoff orange-weiß kariert, 90 x 34 cm
Baumwollstoff blau-weiß kariert, 38 x 16 cm
Baumwollstoff grün-weiß kariert, 32 x 18 cm
Frotteestoff naturweiß, 100 x 70 cm
Nähgarn weiß
dicke Stopfnadel
Füllwatte
Wackelaugen, ø 8 mm
Sekundenkleber
Rundholz, 60 cm, ø 2 cm
2 kleine Nägel
Hammer

Das Mobile kann auf zwei verschiedene Arten gearbeitet werden. Sie können der unten stehenden Anleitung folgen (hierbei werden die einzelnen Teile verstürzt, was etwas schwieriger ist) oder Sie legen die beiden mit Vlieseline beklebten und grob zugeschnittenen Mobile-Schnittteile jeweils links auf links, stecken darauf das Papierschnittteil fest und steppen entlang dieser Nähschablone die beiden Stoffteile aufeinander. Dann entfernen Sie das Papier und übernähen die Steppnaht nochmals mit einem kleinen und dichten Zickzackstich. Der überstehende Stoff wird mit einer scharfen Schere ringsum weggeschnitten. Das Füllen der Mobile-Teile mit Watte muss bei dieser Verarbeitung jedoch entfallen.

Zuschnitt

Für das Mobile benötigen Sie auf dem Vorlagenbogen die Schnittteile Seepferdchen 9a, Seestern 9b, Delphin 9c, Fisch 9d.

Die Schnittteile aus dem Vorlagenbogen herauskopieren und sorgfältig ausschneiden. Die Stoffe für die Tiere werden zum Nähen nur grob zugeschnitten, d. h., Sie schneiden (jeweils aus dem Baumwoll- und Frotteestoff) lediglich ein Quadrat oder Rechteck so zu, dass beim Auflegen des Papierschnittes an der äußersten Stelle noch ca. 1,5 cm Nahtzugabe stehen bleibt (Seepferdchen 25 x 16 cm, Seestern 20 x 20 cm, Delphin 20 x 17 cm, Fisch 16 x 12 cm). Das exakte Anzeichnen der Nahtzugaben bei den kleinen Rundungen und Ecken wäre zu mühsam!
Für das Frotteeband zum Aufhängen des Mobiles schneiden Sie einen 4 cm breiten und 100 cm langen Streifen zu. Zum Aufhängen der Tiere benötigen Sie außerdem sechs 4 cm breite und 40 bis 60 cm lange Frotteestreifen (Längen sollten variieren). Der Baumwollstreifen zum Beziehen des Rundholzes ist 13 cm breit und 90 cm lang.
Alle Angaben inkl. Nahtzugabe.

Verarbeitung

Die grob zugeschnittenen Baumwoll- und Frotteeteile für die Tiere rechts auf rechts aufeinander legen und evtl. mit Heftstichen von Hand sichern. Stecken Sie dann das jeweilige Papierschnittteil seitenverkehrt auf die beiden Stofflagen und benutzen Sie es als Nähschablone. D. h., Sie legen die beiden Stoffe samt Schnittteil unter die Nähmaschine und steppen sie entlang dem Papierrand aufeinander. Lassen Sie dabei an den im Schnitt markierten Stellen eine Öffnung zum Wenden offen. Danach den

ringsum überstehenden Stoff bis auf eine Nahtzugabe von ca. 3 mm zurückschneiden. Schneiden Sie die Rundungen vorsichtig ein, die Ecken werden schräg abgeschnitten.
Die Teile wenden. Hierfür sollten Sie sich etwas Zeit nehmen, denn das Wenden von kleinen Teilen bedarf etwas Geduld und Fingerspitzengefühl. Hilfreich sind hier eine Schere, mit der Sie die Nahtzugaben herausdrücken, und eine dicke Stopfnadel, mit der Sie den Stoff an besonders engen Stellen vorsichtig herausziehen können. Die Kanten nochmals ringsum zwischen den Fingern herausrollen, anschließend bügeln. Dann alle Teile mit Füllwatte ausstopfen, die Öffnung von Hand zunähen und die Augen aufkleben.
Die Frotteebänder werden auf eine Breite von 1 cm gefaltet (die Kanten gegeneinander einschlagen), von rechts festgesteppt und danach übergebügelt. Die fertigen kürzeren Bänder von Hand an die Tiere nähen.
Nun die Schmalseiten des Baumwollstreifens für das Rundholz nach links umbügeln. Das Teil rechts auf rechts falten und die langen Kanten mit einer Nahtzugabe von 1 cm aufeinander steppen. Den Schlauch wenden (siehe S. 11), über das Rundholz ziehen und evtl. mit etwas Klebstoff fixieren.
Anschließend die Tiere an das Rundholz binden. Das lange Band für die Aufhängung mit den Nägeln an den Enden des Rundholzes befestigen.

Regal mit Stoffhusse

Material

Holzregal
2 gebogene Schraubhaken, 40 mm
Kombizange
3 flache Holzleisten, 2–3 cm breit
selbstklebendes Klettband, 2–3 cm breit
Tacker/Nägel, Hammer
fester Baumwollstoff grün, Größe richtet sich nach Regalgröße (Husse)
Baumwollstoff grün-weiß gemustert, 4 cm breit (Blende Dach)
Baumwollstoff grün-weiß gemustert, 110 x 10 cm (Band für Applikationen)
Baumwollstoffreste grün, grün-weiß gemustert (Applikationen)
Frotteestoffreste hellbraun (Applikationen)
Vlieseline und Vliesofix (Applikationen)
Wackelaugen, ø 8 mm
feste Vlieseline (Dach)
dünnes Baumwollband, 1 cm breit (Aufhängung der Husse)
Rundholz, ø 1,2 cm
Filzrest schwarz (Applikationen)
Sekundenkleber
Textilmalstift mit Plustereffekt schwarz (z. B. Fun Liner Magic von Marabu)

Für dieses Modell wurde ein einfaches Holzregal verwendet. Die Husse ist ringsum mit Klettband am Regal befestigt, das Dach ist separat gearbeitet. Entlang der vorderen Kante kann der Stoff an Stoffschlaufen auf einem Rundholz zur Seite geschoben werden. Das Rundholz wird durch Schraubhaken gehalten. Die Applikationen sind von Hand auf ein Band genäht, dieses ist am Rundholz befestigt.

Regalvorbereitung
Die Haken zur Aufhängung des Rundholzes links und rechts in die Vorderseite des Regals schrauben (Abstand oben ca. 2 cm, seitlicher Abstand ca. 1 cm). Wenn nötig, die Haken mit einer Kombizange leicht weiten. Zur Befestigung des Klettbands werden an der hinteren und den seitlichen Oberkanten des Regals flache Holzleisten angebracht. Diese sollten an den Seiten bündig mit den Haken abschließen, d. h., die Holzleisten stehen seitlich ca. 2,5 cm über. Kleben Sie zunächst das Klettband (harte Seite) an die obere Kante der drei Leisten. Danach die Leisten festtackern oder mit kleinen Nägeln fixieren.

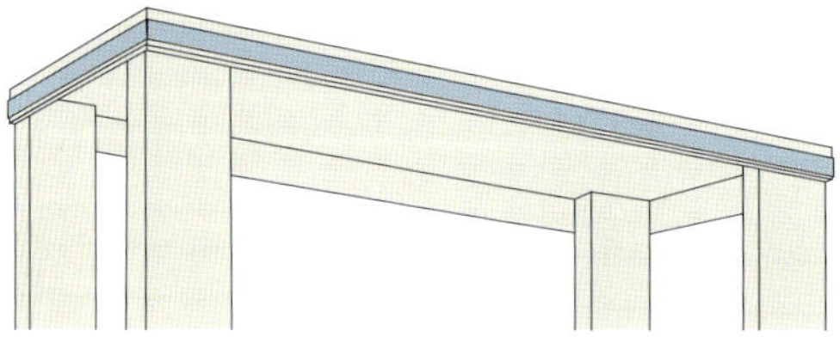

Zuschnitt
Für dieses Modells benötigen Sie auf dem Vorlagenbogen die Applikationen Bären 10a–10c.

Die Schnittteile aus dem Vorlagenbogen herauskopieren und ausschneiden. Die Stoff- und Frotteestücke für die Bären grob zuschneiden und von links mit Vlieseline, anschließend mit Vliesofix bekleben. Dann die entsprechenden Papierschnittteile seitenverkehrt auf das Trägerpapier legen, die Konturen nachzeichnen und ausschneiden. Nun die Schnittteile aneinander legen und für die Rückseite ein Stoffrechteck zuschneiden, welches ringsum ca. 2 cm übersteht. Für die Schleife der Bärenfrau einen 12 x 2,5 cm großen Stoffstreifen zuschneiden.
Die Husse muss entsprechend der Regalgröße zugeschnitten werden. Ermitteln Sie anhand der nachfolgenden Angaben Ihre Hussenlänge und -breite. Wahrscheinlich benötigen Sie für die Hussenbreite zwei Stoffbahnen. Schneiden Sie dann an jede Stoffbahn noch jeweils 1 cm Nahtzugabe zum Zusammennähen an.

Breite der Husse:
gemessener Umfang des Regals entlang der oberen Kante nach dem Anbringen der Leisten
+ 5 cm Mehrweite
+ 6 cm für Vorderkante (Übertritt)
+ 6 cm für Vorderkante (Untertritt)
+ 6 cm Untertritt
+ 1 cm Nahtzugabe pro Bahn bei zwei Stoffbahnen

Länge der Husse:
gemessene Höhe des Regals
+ 6 cm Nahtzugabe (Oberkante)
+ 7 cm Saum (Unterkante)

Dach
Das Dach wird nach der Fertigstellung der Husse gearbeitet. Für die Maße der Dachgrundfläche ermitteln Sie zunächst die Länge der Dachumrandung. Dazu messen Sie den Umfang des Regals (entlang der oberen Kante) samt aufgehängter Husse mit dem Maßband aus. Geben Sie dann noch ca. 1,5 cm Mehrweite pro Seite hinzu. Die Höhe der Dachumrandung beträgt 20 cm.
Die Naht sollte sich in der Mitte der hinteren Regalseite befinden. Wenn Sie zwei Stoffbahnen für die von Ihnen ermittelte Länge der Dachumrandung benötigen, rechnen Sie weitere 2 cm Nahtzugabe hinzu. Sie können die Umrandung auch aus vier Teilen arbeiten (berücksichtigen Sie hierbei die Nahtzugaben). Entsprechend der Länge der Dachumrandung die Grundfläche zuschneiden und Vlieseline aufbügeln.

Verarbeitung Husse
Besteht die Husse aus zwei Teilen, zunächst die Teilungsnaht steppen und die Nahtzugaben auseinander bügeln. Arbeiten Sie nun die vorderen Kanten am Über- und Untertritt. Bügeln Sie dazu entlang den vorderen Kanten die Nahtzugabe 1 cm nach links um. Die Kanten nochmals weitere 5 cm nach links umbügeln und feststeppen. Bügeln Sie dann die Nahtzugabe entlang der oberen Kante ebenfalls 1 cm und danach 5 cm nach links um. Stecken Sie die Husse mit Nadeln entlang dem Regal fest. Es sollten ca. 6 cm Untertritt unter dem Übertritt liegen (rechte Regalseite). Markieren Sie am Stoff die Stellen, an denen die mit Klettband beklebten Leisten enden. Zwischen diesen beiden Markierungen nähen Sie die andere (in zwei Teile geteilte) Hälfte des Klettbandes bündig an der linken und rechten oberen Hussen-

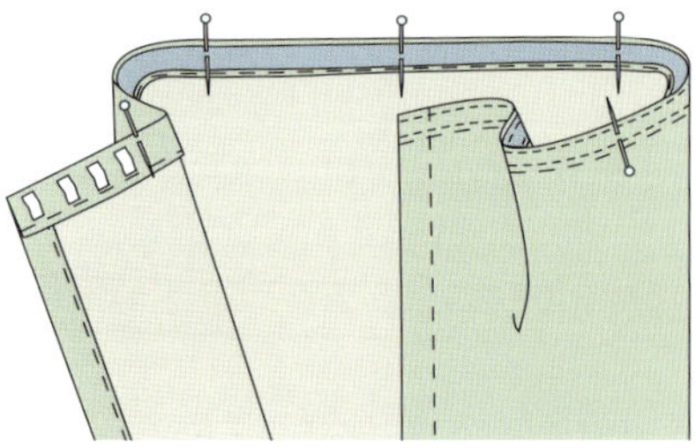

kante fest. Aus dem 1 cm breiten Band ca. 11 Schlaufen (Länge 5–6 cm) für das Rundholz zuschneiden und diese in regelmäßigen Abständen an der linken und rechten Oberkante der Husse (linke Stoffseite) festriegeln. Am Untertritt ebenfalls eine Schlaufe bündig an die obere Kante der Husse nähen. Zur Ermittlung der Saumlänge muss die Husse probeweise an das Regal gehängt werden. Dazu das Rundholz durch alle Schlaufen ziehen und in die Schraubhaken stecken, die Klettbänder entsprechend aneinander heften. Über- und Untertritt mit Nadeln aufeinander feststecken. Dann die exakte Saumlänge mit Nadeln markieren. Die Saumkante wie gewohnt zweimal nach links umbügeln und feststeppen. Entlang dem Über- und Untertritt in regelmäßigen Abständen vier ca. 2 cm lange Klettbänder zum Schließen der Husse aufnähen.

Stellen Sie die Bären-Applikationen fertig (siehe S. 10). Danach die Wackelaugen und ein Filzdreieck aufkleben, mit einem Textilmalstift die Schnauze aufmalen. Die Schleife wie auf S. 11 beschrieben fertigen und an der Bärenfrau fixieren. Das Band zum Aufhängen der Bären verstürzen (siehe S. 11), die Motive von Hand daran festnähen. Das Band am Rundholz befestigen.

Verarbeitung Dach

Nähen Sie den Stoff für die Dachumrandung zum Ring zusammen, die Nahtzugaben auseinander bügeln. Jetzt wird die Dachgrundfläche eingesetzt. Zeichnen Sie dazu bei beiden Teilen ringsum die Nahtlinie (1 cm Nahtzugabe) und die Kreuzungspunkte der Nahtlinien ein. (Ist die Umrandung aus einem Stück gearbeitet, markieren Sie auf dem Stoff die Seitenlängen des Regals.)
Stecken Sie dann die Kreuzungspunkte von Dach und Umrandung mit Nadeln aufeinander fest, die beiden rechten Stoffseiten liegen aufeinander.
Beginnen Sie mit dem Steppen an einem dieser Kreuzungspunkte und enden Sie am nächsten. Schneiden Sie hier die Nahtzugaben bzw. die Naht der Umrandung bis zur gesteppten Ecke ein. Legen Sie danach die Umrandung um die Ecke und beginnen Sie mit dem Steppen direkt am letzten Stich der vorangegangenen Naht.
Gehen Sie so in allen Ecken vor.
Die Nahtzugaben flach bügeln.
Den gemusterten Stoffstreifen für die Blende der Länge nach links auf links bügeln (ggf. die Kanten aneinander nähen).
Nun den Streifen rechts auf rechts an die untere Kante des Daches steppen, Nahtanfang und -ende übereinander legen (Rückseite oder Seitennaht).
Zum Schluß wird das Dach auf das Regal gestülpt.

Utensilo

Material

Baumwollstoff grün-weiß kariert, 85 x 55 cm
Baumwollstoff grün-weiß gestreift, 75 x 18 cm
Baumwollstoffreste weiß, orange (Applikationen)
feste Vlieseline und Vliesofix (Applikationen)
Knopflochgarn weiß
Nähgarn weiß
Rundholz, 100 cm, ø 1 cm

Zuschnitt

Für dieses Modell benötigen Sie auf dem Vorlagenbogen die Applikation Blüte 11. Die Buchstaben (A–Z) haben die Nummer 2b (Lätzchen, S. 14).

Die Blumen und Buchstaben aus dem Vorlagenbogen herauskopieren und ausschneiden. Den Stoff für die Applikationen grob zuschneiden und von links Vlieseline, anschließend Vliesofix aufbügeln. Die Schnittteile seitenverkehrt auf das Trägerpapier legen, die Konturen nachzeichnen und ausschneiden.
Für den Hintergrund des Utensilos wird ein 75 x 30 cm großes kariertes Stoffstück zugeschnitten. Für die drei mittleren Taschen schneiden Sie jeweils ein 19 x 17 cm großes, für die zwei äußeren Taschen jeweils ein 19 x 16 cm großes Rechteck zu. Die zwei Streifen zum Einfassen des Utensilos am rechten und linken Rand sind jeweils 30 x 4 cm groß. Außerdem benötigen Sie für die gestreifte Blende einen 75 x 8 cm großen Streifen, für die gestreiften Paspeln vier 19 x 5 cm große Streifen. (Alle Angaben inkl. Nahtzugaben.)

Verarbeitung

Die Buchstaben und Blüten auf die Rechtecke für die Taschen applizieren. Dazu das Trägerpapier abziehen und die Motive auf den Stoff bügeln. Die kleineren Blütenteile werden auf die größeren gebügelt. Danach alle Ränder (mit Knopflochgarn) mit einem Knopflochstich übernähen (siehe S. 38).
Die vier Paspelstreifen der Länge nach links auf links bügeln.

Anschließend die Taschen aneinander nähen, dabei jeweils einen vorgebügelten Paspelstreifen kantengleich mitfassen. Die Paspeln nach dem Steppen einheitlich zu einer Seite bügeln.

Die Blende links auf links bügeln und rechts auf rechts an die obere Kante der Taschen nähen. Die Nahtzugaben zusammen versäubern und in die Taschen bügeln. Steppen Sie nun das Taschenteil rechts auf links an die untere Kante des Hintergrundstoffes. Dann das Taschenteil nach vorn umschlagen und die untere Kante bügeln. Die Taschen mit Nadeln am Hintergrundstoff fixieren und die äußeren Kanten innerhalb der Nahtzugaben (ca. 5 mm breit) aufnähen. Steppen Sie jetzt die einzelnen Taschen entlang den Paspeln auf dem unteren Stoff fest. Anschließend die Seiten mit den vorbereiteten Streifen einfassen (siehe S. 10), dabei die unteren Enden nach links einschlagen.

Zum Schluss den Tunnel für das Rundholz arbeiten. Dazu die obere Kante des Utensilos exakt 3 cm nach links umbügeln und knappkantig feststeppen. Das Rundholz hineinschieben. Das Utensilo kann mit gebogenen Schraubhaken an der Wand befestigt werden.

Korb

Material

runder Korb
fester Baumwollstoff grün, Größe richtet sich nach Korbgröße (Innensack)
Baumwollstoffreste weiß, orange, grün-weiß gemustert (Applikationen)
Frotteestoffreste hellbraun (Applikationen)
Vlieseline und Vliesofix (Applikationen)
Filzrest schwarz (Applikationen)
Wackelaugen, ø 8 mm
Knopflochgarn weiß
Nähgarn grün, weiß, hellbraun
Sekundenkleber
Textilmalstift mit Plustereffekt schwarz (z. B. Fun Liner Magic von Marabu)
vorgefalztes Schrägband weiß
Sicherheitsnadel

Zuschnitt

Für dieses Modell benötigen Sie auf dem Vorlagenbogen die Applikation Bär 12. Die Buchstaben (A–Z) haben die Nummer 2b (Lätzchen, S. 14), die Blüten die Nummer 11 (Utensilo, S. 36).

Die Schnittteile für die Applikationen aus dem Vorlagenbogen herauskopieren und ausschneiden. Die Stoffstücke für Blüten und Buchstaben sowie die Stoff- und Frotteestücke für die Bären grob zuschneiden und von links Vlieseline aufbügeln. Auf den kleinen Blüten- und den Bärenteilen zusätzlich Vliesofix anbringen. Anschließend die entsprechenden Papierschnittteile seitenverkehrt auf die Stoffrückseiten legen, die Konturen nachzeichnen und ausschneiden. Nun die Schnittteile für den Bären aneinander legen und für die Rückseite ein Stoffrechteck zuschneiden, welches ringsum ca. 2 cm übersteht.
Für den Sack zunächst ein Schnittteil für den Boden erstellen. Der Kreis sollte den Durchmesser des Korbbodens plus 3 cm Mehrweite und ringsum 1 cm Nahtzugabe aufweisen. Anhand dieses Schnittteils schneiden Sie das Seitenteil zu. Messen Sie dazu den Umfang des Kreises aus, das Zugeben von Nahtzugaben ist nicht erforderlich. Die Höhe des Sackes entspricht der Höhe Ihres Korbes plus 3 cm Mehrlänge und zzgl. der Länge des Korbdurchmessers. Der Tunnel ist genauso lang wie das Seitenteil, seine Breite beträgt 5 cm. Zum Aufhängen der Applikationen werden 45 bis 50 cm lange Schrägbänder benötigt (Anzahl der Applikationen bitte auf Ihren Korbdurchmesser abstimmen).

Verarbeitung

Zum Applizieren das Trägerpapier von den kleinen Blütenteilen abziehen und diese auf die größeren bügeln. Die Kanten der Blüten und der Buchstaben (mit Knopflochgarn) mit einem Knopflochstich umstechen.

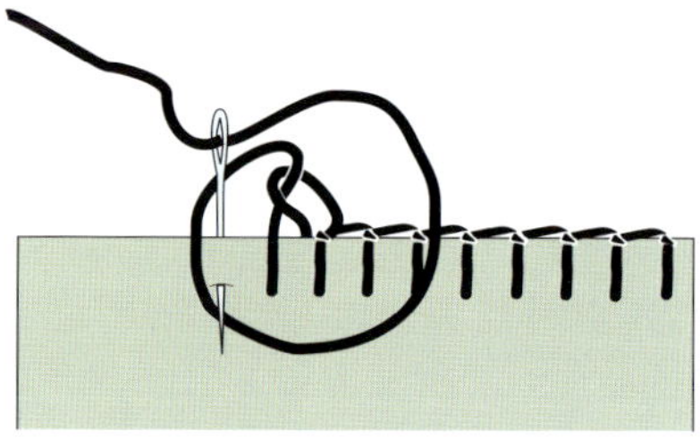

Stellen Sie die Bären fertig (siehe S. 10). Danach die Wackelaugen und ein Filzdreieck aufkleben, mit Textilmalstift die Schnauze aufmalen.
Die Seitennaht des Sackes schließen, die Nahtzugaben auseinander bügeln. Nun das Bodenteil rechts auf rechts in das Seitenteil schieben und beide Teile sorgfältig mit Nadeln aneinander feststecken, ggf. von Hand festheften. Die Teile ringsum aneinander nähen,

die Nahtzugaben zu einer Seite bügeln.
Die Nahtzugaben des Stoffstreifens für den Tunnel nach links umbügeln. Dann den Tunnel auf die Außenseite des Seitenteils steppen (der Abstand von der oberen Kante ist vom Korbdurchmesser abhängig). Die Nahtzugaben am Anfang und Ende des Tunnels werden nach links eingeschlagen.

Die obere Kante des Sackes mit Schrägband einfassen (siehe S. 10), das Nahtende über dem Nahtanfang nach links einschlagen. Für die Bänder zum Aufhängen der Applikationen die vorgefalzten Schrägstreifen von rechts übersteppen. Das Band zum Zuziehen entsprechend der Tunnellänge (plus 20 cm Mehrlänge) zuschneiden und wie die kurzen Bänder verarbeiten. Die kurzen Bänder entsprechend der Korbhöhe in regelmäßigen Abständen mit der Maschine von außen am Seitenteil feststeppen. Das Band zum Zuziehen mit einer Sicherheitsnadel in den Tunnel ziehen, dann den Sack in den Korb stecken und mit den Bändern am Korbrand festbinden. Die Applikationen von Hand an die Bänder nähen.

Stoffbuch

Grundmaterial pro Buchseite

Baumwollstoff in Weiß, Gelb-, Grün-, Rottönen, Mittelteil 19 x 19 cm,
2 Blenden à 25 x 5 cm,
2 Blenden à 19 x 5 cm,
Rückseite 25 x 25 cm
sehr feste Vlieseline, 25 x 25 cm
Nähgarn weiß, grün, gelb
Volumenvlies, 26 x 26 cm
2 Ösen silber
Hammer
2 Baumwollstoffstreifen gelb-grün gemustert, je 27 x 4 cm (Bänder zum Zusammenbinden der Seiten)

Material je nach Seite

Umschlagseite
Baumwollstoffreste weiß, grün, gelb-grün gemustert
Vlieseline und Vliesofix
Filzstift schwarz
dicke Stopfnadel

Hund auf hoher See
Baumwollstoffrest mit Tiermotiv
Baumwollstoffreste gelb-grün gemustert
Vlieseline und Vliesofix
Kordel orange

Tastblume
Baumwollstoffreste gelb-grün, gelb-grün-rot gemustert
Füllwatte

Perlenseite
sehr feste Vlieseline, 19 x 19 cm
25 Holzperlen bunt
4 reißfeste Schnüre weiß, je 22 cm

Webseite
14 Stoffstreifen weiß, grün, gelb-grün gemustert, je 21 x 6 cm
dicke Stopfnadel
8 Wäscheknöpfe

Bänderseite
2 Kordeln rot, 55–60 cm
11 Ösen silber

Motivseite
Baumwollstoffreste mit Motiven
feste Vlieseline und Vliesofix
Knopflochgarn gelb
5 Klettverschlüsse, je 2 cm

Reißverschlussseite
3 Reißverschlüsse gold, 2 x 10 cm, 1 x 14 cm
Baumwollstoffreste grün, gelb-grün gemustert
Vlieseline und Vliesofix
3 Kordeln rot

Zuschnitt

Für dieses Modell benötigen Sie auf dem Vorlagenbogen die Schnittteile Buch Mittelteil 13a, Rückseite 13b, obere und untere Blende 13c, seitliche Blende 13d; Applikationen Schiff 13e, zwei Autos 13f und 13g, Fisch 13h, Dampfer 13i; Blütenblatt 13j, Blütenmitte 13k.

Die Stoffteile für die Buchseiten entsprechend den Maßangaben in der Grundmaterialliste zuschneiden (Seitenanzahl variabel). Alle Angaben inkl. Nahtzugaben.
Je nach Wunsch die Schnittteile aus dem Vorlagenbogen herauskopieren, ausschneiden und entsprechend aus Stoff zuschneiden. Die übrigen Materialien für die gewählten Seiten vorbereiten.

Grundverarbeitung

Die Grundverarbeitung ist bei allen Seiten sehr ähnlich. Der Stoff wird zunächst von links mit sehr fester Vlieseline beklebt, um der Seite Stabilität zu verleihen. Dann erfolgt die Detailverarbeitung der jeweiligen Seite (Applizieren, Reißverschlüsse einarbeiten, Kordeln anbringen etc.).
Danach werden die obere und untere, im Anschluss daran die linke und rechte Blende rechts auf rechts an das Mittelteil gesteppt. Die Nahtzugaben auseinander bügeln. Anschließend das

Volumenvlies grob zuschneiden, innerhalb der Nahtzugabe ringsum auf das Vorderteil steppen (ca. 5 mm breit) und dann kantengleich mit dem Stoff zurückschneiden.
Nun werden Vorder- und Rückseite rechts auf rechts aufeinander gesteppt, dabei wird eine ca. 10 cm breite Öffnung zum Wenden offen gelassen. Die Nahtzugaben stufig zurückschneiden, die Ecken schräg abschneiden.

Das Teil wenden, die Kanten bügeln und die Öffnung mit einigen Handstichen zunähen. Die Ösen werden entsprechend der Herstellerangabe in die linke Blende eingeschlagen. Zum Schluss die zwei vorbereiteten Bänder zum Zusammenbinden der Seiten verstürzen (siehe S. 11).

Detailverarbeitungen
Umschlagseite: Die Stoffteile für das Auto von links mit Vlieseline, dann mit Vliesofix bekleben. Das Motiv vor dem Verstürzen der Seite wie auf S. 10 beschrieben auf den Stoff applizieren. Mit Filzstift das Auge einzeichnen. Für die Schleife ein 3 cm breites und 5 cm langes Band verstürzen (siehe S. 11), in der Mitte mit Garn zusammenziehen und von Hand auf die Seite nähen. Danach kann ein Buchtitel nach Wahl aufgestickt werden.

Hund auf hoher See: Die Segel und den Mast von links mit Vlieseline und Vliesofix bekleben und vor dem Verstürzen der Seite auf das Mittelteil applizieren (siehe S. 10). Anschließend das Schnittteil für das Boot mit Vlieseline verstärken und die obere Kante mit einem Zickzackstich versäubern. Dann die linke, rechte und untere Kante mit Zickzackstich so anbringen, das der Mast unten etwas verdeckt wird. Beim Annähen der oberen Blende die Kordel mitfassen (mehrmals übersteppen). Zum Schluss das Tiermotiv mit Vlieseline verstärken, von Hand mit einem Knopflochstich (siehe S. 38) umnähen und sorgfältig an die Kordel nähen.

Tastblume: Die Schnittteile mit 1 cm Nahtzugabe zuschneiden. Jeweils zwei Schnittteile für die Blütenblätter rechts auf rechts aufeinander legen und die gebogenen Kanten aufeinander steppen. Die gerade Kante zum Wenden offen lassen. Danach die Nahtzugaben zurückschnei-

den, die Spitze schräg abschneiden. Die Teile wenden und bügeln. Die Blätter mit Füllwatte ausstopfen, vor dem Verstürzen der Seite überlappend mittig auf das Mittelteil stecken und mit der Maschine oder von Hand festnähen. Die Nahtzugabe des Kreises nach links einschlagen und die Blütenmitte von Hand auf die Blütenblätter nähen.

Perlenseite: Das Mittelteil dieser Seite sollte mit sehr steifer Vlieseline verstärkt werden (evtl. zweimal aufbügeln). Die Bänder in regelmäßigen Abständen beim Annähen der unteren Blende mitfassen (mehrmals übersteppen). Dann die Perlen aufzie-

hen, manche Perlen dabei durch zwei Bänder ziehen. Nun die Bänder auf der gegenüberliegenden Seite in regelmäßigen Abständen innerhalb der Nahtzugabe am Mittelteil vorsteppen und beim Annähen der oberen Blende nochmals mitfassen.

Webseite: Zunächst die 14 Stoffstreifen verstürzen (siehe S. 11). Bei acht der Streifen die Nahtzugaben an einem Ende nach innen einschlagen und von Hand zunähen. Auf dieser Seite der Streifen, ca. 5 mm von der Kante entfernt, jeweils ein Knopfloch einarbeiten, welches der Größe der gewählten Knöpfe entspricht.

Beim Annähen der oberen und unteren Blende werden sechs Bänder (beide Schmalseiten offen) mitgefasst. Zwischen den äußeren Bändern und der rechten und linken Blende müssen ca. 2 cm frei bleiben, hier werden später die Knöpfe angenäht. Nun die übrigen Bänder (am offenen Ende) abwechselnd links und rechts innerhalb der

Nahtzugabe an das Mittelteil steppen. Beim Annähen der seitlichen Blenden werden die Bänder nochmals mitgefasst. Nach dem Verstürzen von Vorder- und Rückseite die Knöpfe annähen, dann die Bänder ineinander weben.

Bänderseite: Beim Annähen der oberen Blende die zwei Kordeln mitfassen. Der Abstand zu den seitlichen Blenden beträgt jeweils ca. 4 cm. Nach dem Verstürzen der Vorder- und Rückseite die Ösen einschlagen (Ösengröße auf Kordel abstimmen).

Motivseite: Auf den bedruckten Stoff linksseitig feste Vlieseline und Vliesofix aufbügeln und den Stoff wie auf S. 10 beschrieben applizieren. Dann die Motive exakt herausschneiden und von Hand mit einem Knopflochstich umnähen (siehe S. 38).
Auf die Rückseite der Motive kleine Klettverschlüsse aufnähen. Die andere Seite der Klettverschlüsse nach dem Ver-

stürzen der Seite auf das Mittelteil steppen.

Reißverschlussseite: Zum Einnähen der Reißverschlüsse werden (vor dem Verstürzen der Seite) der Reißverschlusslänge entsprechend ca. 1 cm breite Rechtecke ausgestürzt. Dazu schneiden Sie einen 6 x 19 cm großen sowie zwei 6 x 14 cm große Streifen zu und legen diese rechts auf rechts auf das Mittelteil des Stoffbuches.
Nun steppen Sie mittig auf den großen Streifen ein Rechteck von 1,5 x 14,5 cm Größe, auf die kleinen jeweils ein Rechteck von 1,5 x 10,5 cm Größe auf. Die Stoffstreifen sowie das darunter liegende Nähgut in der Mitte einschneiden und ca. 1 cm vor Anfang und Ende schräg in die Ecken schneiden, hierbei ganz knapp vor der Steppnaht enden. Den Stoffstreifen durch die eingeschnittene Öffnung nach hinten ziehen und die Kanten sorgfältig bügeln. Dann den Reißverschluss von hinten anheften und alles von rechts mit einem Zickzackstich feststeppen. Den überstehenden Stoff des Streifens ringsum zurückschneiden.

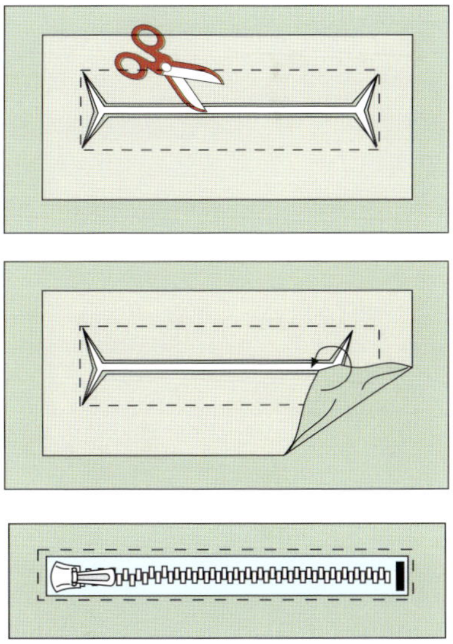

Den Stoff für die Motive von links mit Vlieseline und Vliesofix bekleben und die Teile wie auf S. 10 beschrieben applizieren. Die Motive an die Kordeln nähen, diese am anderen Ende an der Reißverschlussrückseite befestigen.

Kombination Hose, Mütze, Tuch

Material

Jersey weiß-grün gestreift, 150 x 45 cm
Vlieseline, 30 x 10 cm
Nähgarn weiß
Jerseynadel
Gummiband, 46 cm, 2,5 cm breit
Sicherheitsnadel
Kordel weiß, 75 cm
Label

Größe

62/68

Kopfumfang

42 cm

Zuschnitt

Für die Hose benötigen Sie auf dem Vorlagenbogen die Schnittteile vorderes Hosenteil 14a, hinteres Hosenteil 14b. Das Schnittteil für die Mütze hat die Nummer 16 (Mütze mit Knoten, S. 47).

Die Schnittteile aus dem Vorlagenbogen herauskopieren und ausschneiden. Den Papierschnitt auf den Stoff legen und diesen entsprechend der Schnittbeschriftung zuschneiden. Wo es nicht anders angegeben ist, 1 cm Nahtzugabe berücksichtigen. Bei geringelten Stoffen darauf achten, dass die Streifen an allen vier Hosenteilen gleich verlaufen. Die Positionen für die Knopflöcher (Kordeldurchzug) auf den Stoff übertragen, dann auf die linke Seite der Belege Vlieseline aufbügeln.

Verarbeitung Hose

Zum Verarbeiten von Jerseystoffen sollten Sie stets eine Jerseynadel verwenden, eine Universalnadel würde die Maschen des Stoffes beschädigen.
Arbeiten Sie die Knopflöcher ein. Legen Sie dann jeweils ein vorderes und ein hinteres Hosenbein rechts auf rechts und stecken Sie die äußeren Beinnähte mit Nadeln aufeinander (bei geringelten Stoff die Streifen aufeinander stecken). Steppen sie nun diese Naht, stellen Sie dazu an Ihrer Nähmaschine einen speziellen Jerseystich, einen Overlock-Stich oder einen leichten Zickzackstich ein (die Naht sollte dehnbar sein). Die Nahtzugaben auseinander bügeln.
Arbeiten Sie anschließend den Saum. Bügeln Sie dazu die angeschnittene Saumzugabe nach links um und steppen Sie sie ebenfalls mit einem dehnbaren Jersey- oder Zickzackstich fest. Schließen Sie danach die Schrittnähte und bügeln Sie die Nahtzugaben auseinander.
Wenden Sie ein Hosenbein und schieben Sie es in das andere, die beiden rechten Warenseiten liegen aufeinander. Die beiden Schnittteile mit Nadeln aufeinander stecken, die Schrittnähte liegen exakt übereinander. Steppen Sie nun die Gesäßnaht, gehen Sie dabei folgendermaßen vor: Beginnen Sie an der Oberkante des hinteren Hosen-

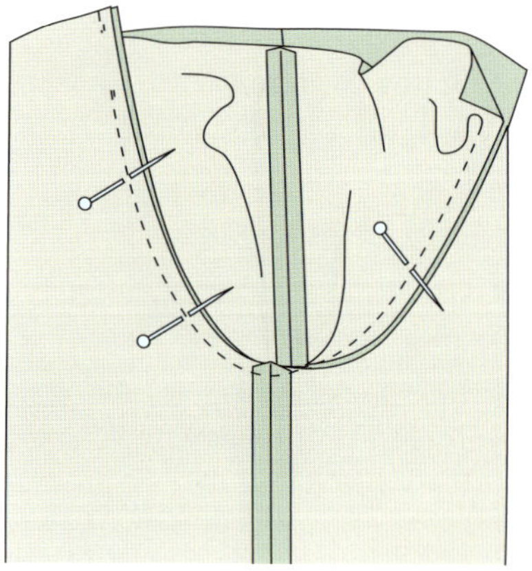

teils und steppen Sie die Gesäßnaht 1 cm zu, Nahtanfang und -ende verriegeln. Lassen Sie dann ca. 2 cm zum Einziehen des Gummibandes offen. Setzen Sie mit Ihrer Gesäßnaht neu an und steppen Sie bis zur Oberkante des vorderen Hosenteils. Das eingesteckte Hosenbein wieder herausziehen und die Nahtzugaben auseinander bügeln.
Den angeschnittenen Beleg entlang der Taille nach links umbügeln und feststeppen. Das Gummiband mit einer Sicherheitsnadel in die Öffnung an der Gesäßnaht einziehen. Legen Sie die beiden Enden des Gummibandes jeweils ca. 1 cm weit übereinander und steppen Sie sie mit einem Zickzackstich fest. Die Kräusel am Bündchen gleichmäßig verteilen. Die Öffnung an der Gesäßnaht mit kleinen Handstichen zunähen. Zum Schluss die Kordel durch Zuhilfenahme einer Sicherheitsnadel durch die Knopflöcher einziehen.

Verarbeitung Tuch

Für das Tuch schneiden Sie ein Dreieck zu, das an der langen Seite eine Länge von ca. 50 cm aufweist. Die beiden kurzen Seiten sind ca. 35 cm lang.
Die offenen Kanten nach links umbügeln und mit einem Zickzackstich oder Muschelsaumstich übersteppen. Die überstehende Nahtzugabe knappkantig abschneiden. In der Spitze das Label aufsteppen.

Verarbeitung Mütze

Erstellen Sie die Mütze wie auf S. 47 beschrieben (Jerseymütze mit Knoten).
Zum Schluss das Label auf die Vorderseite nähen.

Jerseymütze mit Zackenkante

Material

Jersey weiß-orange gestreift, 150 x 20 cm
Vlieseline, 25 x 20 cm
Nähgarn weiß
Jerseynadel

Kopfumfang

45–47 cm

Zuschnitt

Für dieses Modell benötigen Sie auf dem Vorlagenbogen die Schnittteile Kopfteil 15a, Zackenkante 15b.

Die Schnittteile aus dem Vorlagenbogen herauskopieren, ausschneiden und entsprechend der Schnittbeschriftung mit 1 cm Nahtzugabe aus Stoff zuschneiden. Bei geringelten Stoffen darauf achten, dass die Streifen an allen vier Kopfteilen gleich verlaufen. Auf zwei Teile der Zackenkante von links Vlieseline aufbügeln.

Verarbeitung

Zum Verarbeiten von Jerseystoffen sollten Sie stets eine Jerseynadel verwenden, eine Universalnadel würde die Maschen des Stoffes beschädigen.
Zwei Kopfteile rechts auf rechts aufeinander legen und an einer Seite zusammennähen, dabei an der oberen Spitze die Nahtzugabe (1 cm) offen lassen. Die Nahtzugaben auseinander bügeln. Legen Sie anschließend das dritte Kopfteil rechts auf rechts auf das zweite und nähen Sie beides zusammen. Auch hier die Nahtzugabe an der Spitze offen lassen, enden Sie exakt am letzten Stich der vorangegangenen Naht. Beim vierten Schnittteil gehen Sie ebenso vor.
Nähen Sie es an das dritte, dann an das erste Kopfteil. Die Nähte enden alle exakt an einem Punkt, die Nahtzugaben bleiben offen.
Steppen Sie nun jeweils zwei Zackenkanten zum Ring rechts auf rechts aufeinander, die Nahtzugaben auseinander bügeln. Nähen Sie danach die innere und äußere Zackenkante rechts auf rechts aufeinander. Die untere, gerade Kante bleibt offen. Die Nahtzugaben knapp zurückschneiden, die Ecken vorsichtig bis zur Nahtlinie einschneiden, die Spitzen schräg abschneiden. Das Teil wenden, die Spitzen mit der Schere vorsichtig herausdrücken und bügeln.
Jetzt die Zackenkante mit der rechten Seite an die Innenseite des Kopfteils stecken und die Teile ringsum aneinander nähen. Die Zackenkante nach vorn umlegen und die Kante bügeln. Die Zacken von Hand mit kleinen Riegeln an den Seiten festnähen.

Jerseymütze mit Knoten

Material
Jersey weiß-orange gestreift,
150 x 20 cm
Nähgarn weiß
Jerseynadel

Kopfumfang
42 cm

Zuschnitt
Für dieses Modell benötigen Sie auf dem Vorlagenbogen das Schnittteil Kopfteil 16.

Das Schnittteil aus dem Vorlagenbogen herauskopieren, ausschneiden und entsprechend der Schnittbeschriftung aus Stoff zuschneiden. Wo es nicht anders angegeben ist, 1 cm Nahtzugabe berücksichtigen. Bei geringelten Stoffen darauf achten, dass die Streifen an den beiden Kopfteilen gleich verlaufen.

Verarbeitung
Die beiden Schnittteile rechts auf rechts aufeinander legen und ringsum aufeinander nähen, die untere Kante bleibt offen. Das Teil wenden und die Ecken mit einer Schere vorsichtig herausdrücken. Den angeschnittenen Beleg entlang der Umbruchlinie nach links umbügeln und mit einem dehnbaren Stich (Jersey-, Overlock- oder leichter Zickzackstich) festnähen.
Nun aus dem Jerseyrest zwei 3 cm breite und 4,5 cm lange Streifen zuschneiden. Diese an den Seiten ca. 1 cm nach links umbügeln, um die Ecken der Mütze legen und mit Nadeln feststecken. Das Ende nach links einschlagen und die Bänder von Hand festnähen.

Schmusetiere

Material

Frotteestoff naturweiß, 100 x 50 cm
Baumwollstoff blau kariert, 100 x 45 cm
Baumwollstoffreste dunkelblau gemustert
dünne Vlieseline, 30 x 25 cm
Nähgarn weiß, blau
Füllwatte
Knopflochgarn grau
dicke Stopfnadel

Zuschnitt

Für den Hund benötigen Sie auf dem Vorlagenbogen die Schnittteile Rumpfteil 17a, oberes Kopfteil 17b, unteres Kopfteil 17c, Hinterkopf 17d, Ohr 17e, Schnauze 17f, hinteres Hosenteil 17g, vorderes Hosenteil 17h, hinterer Hosenbeleg 17i, vorderer Hosenbeleg 17j, Tasche 17k, für die Katze die Schnittteile Rumpfteil 18a, Kopf 18b, Pfote 18c.

Die Schnittteile aus dem Vorlagenbogen herauskopieren und ausschneiden. Die Formen entsprechend der Schnittbeschriftung mit 1 cm Nahtzugabe aus Frottee- und Baumwollstoff zuschneiden. Achten Sie darauf, dass die Belege nach dem Übertragen auf Stoff deckungsgleich mit dem jeweiligen Hosenteil sind. Auf die linke Seite der Belege Vlieseline aufbügeln.
Für die Schleifen zwei 22 x 4 cm große Streifen aus Baumwollstoff zuschneiden.

Verarbeitung Hund

Die beiden Rumpfteile rechts auf rechts aufeinander legen und entlang den Außenkanten aufeinander steppen. Die Halsöffnung bleibt zum Wenden offen. Die Nahtzugaben auf ca. 3 mm zurückschneiden und die Rundungen vorsichtig bis kurz vor die Stepplinie einschneiden. Das Teil durch die Halsöffnung wenden und mit Füllwatte ausstopfen.
Die beiden oberen Kopfteile rechts auf rechts aufeinander legen und die Mittelnaht steppen. Die Nahtzugaben vorsichtig einschneiden und auseinander bügeln. Das untere Kopfteil ebenso verarbeiten. Anschließend oberes und unteres Kopfteil rechts auf rechts legen, die Mittelnähte aufeinander stecken und die Teile zwischen den Markierungen 1 und 1 zusammennähen. Auch hier die Nahtzugaben zurückschneiden und die Rundungen einschneiden.
Für die Ohren jeweils ein Frottee- und ein Stoffschnittteil rechts auf rechts aufeinander steppen. Die Nahtzugaben zurückschneiden, die Rundungen einschneiden. Die Ohren wenden und bügeln, danach in Falten legen und zwischen den Markierungen 2 und 3 knappkantig auf das obere Kopfteil vorsteppen. Nähen Sie nun den Hinterkopf rechts auf rechts an das vordere Kopfteil, die Ohren beim Steppen mitfassen. Dann den Kopf wenden und gleichmäßig mit Füllwatte ausstopfen. Das Schnittteil für die Schnauze ringsum mit einem doppelt gelegten Faden von Hand umnähen, anschließend den Faden etwas anziehen. Füllen Sie das Teil mit etwas Füllwatte. Stecken Sie es mit Nadeln auf

das vordere Kopfteil und nähen Sie es mit doppeltem Faden von Hand fest. Jetzt den fertigen Kopf in das Rumpfteil schieben. Die Nahtzugabe des Rumpfes nach links einschlagen und mit Nadeln am Kopf feststecken. Den Hals ebenfalls mit einem doppelt gelegten Faden von Hand annähen. Augen und Nase mit Knopflochgarn aufsticken. Für die Hose das vordere und hintere Teil rechts auf rechts aufeinander legen und die Seitennähte steppen. Die Nahtzugaben auseinander bügeln. An den beiden Belegen ebenfalls die Seitennähte steppen und die Nahtzugaben auseinander bügeln. Anschließend die Belege kantengleich rechts auf rechts auf vorderes und hinteres Hosenteil steppen, die Seitennähte liegen exakt übereinander. Auch hier wieder die Nahtzugaben zurückschneiden, die Rundungen bis kurz vor die Nahtlinie einschneiden. Die Belege umschlagen, die Kanten bügeln. Die Belege an den Seitennähten festnähen. Dem Hund die Hose überziehen, die Träger an das Vorderteil nähen. Für die Schleifen die zwei Bänder verstürzen (siehe S. 11). Die Bänder zu Schleifen binden und diese mit kleinen Handstichen an der Hose fixieren. Zum Schluss wird noch ein dunkelblaues Stoffstück in die Tasche gesteckt.

Verarbeitung Katze

Die beiden Rumpfteile rechts auf rechts aufeinander steppen, die Hals- und Pfotenöffnungen bleiben offen. Die Nahtzugaben auf ca. 3 mm zurückschneiden, die Rundungen bis kurz vor die Nahtlinie vorsichtig einschneiden. Das Teil wenden und die Nähte zwischen den Fingern herausrollen. Den Rumpf mit Füllwatte ausstopfen.
Die Pfoten und den Kopf ebenfalls rechts auf rechts legen und verstürzen. Die Nahtzugaben zurückschneiden. Die Teile wenden und mit Füllwatte ausstopfen. Die offenen Nahtzugaben am Rumpfteil nach innen einschlagen und die Pfoten sowie das Kopfteil in die jeweiligen Öffnungen schieben.
Die Teile mit einem doppelt gelegten Faden von Hand an den Rumpf nähen. Augen und Schnauze mit Knopflochgarn aufsticken. Zuletzt der Katze ein dunkelblaues Stoffstück als Halstuch umbinden.

Fleece-Weste

Material

Fleece hellgrau, 150 x 75 cm
Vlieseline, 80 x 40 cm
Nähgarn grau
5 Druckknöpfe silber
Hammer
aufbügelbare Tiermotiv-Applikation
Kordel schwarz, 80 cm
Sicherheitsnadel

Größe

74

Zuschnitt

Für diese Weste benötigen Sie auf dem Vorlagenbogen die Schnittteile Vorderteil 19a, Rückenteil 19b, Passe 19c, hinterer Armausschnittbeleg 19d, Kapuze 19e, Tasche 19f.

Die Schnittteile aus dem Vorlagenbogen herauskopieren, die Belege als Extra-Schnittteile abpausen. Die Teile ausschneiden, auf den Stoff legen und diesen entsprechend der Schnittbeschriftung zuschneiden. Wo es nicht anders angegeben ist, 1 cm Nahtzugabe berücksichtigen. Markierungen (Schlitzzeichen, Kapuzenansatz etc.) auf den Stoff übertragen. Dann die Belege an der linken Stoffseite mit Vlieseline bekleben. Bügeln Sie außerdem einen 2 cm breiten Vlieselinestreifen ca. 5 mm von der vorderen Kante entfernt von links auf die Vorderteile (zur Stabilität für die Druckknöpfe).

Verarbeitung

Die Passe rechts auf rechts an das Rückenteil nähen, danach die Nahtzugaben auseinander bügeln. Die Vorderteile rechts auf rechts mit Nadeln auf das Rückenteil stecken und die Schulternähte steppen. Die Nahtzugaben auseinander bügeln. Schließen Sie jetzt die Seitennähte bis zum Schlitzzeichen, dabei Nahtanfang- und ende sorgfältig verriegeln. Auch hier die Nahtzugaben auseinander bügeln.
An den beiden Kapuzenhälften die Stellen für das Knopfloch (Kordeldurchzug) mit kleinen Vlieselineresten bekleben, anschließend die beiden Knopflöcher von rechts einnähen.
Die Kapuzenhälften werden durch eine Rechts-Links-Naht zusammengenäht. Steppen Sie dazu die beiden Teile zunächst links auf links aufeinander (Nahtbreite ca. 3 mm). Legen Sie dann die Kapuze rechts auf rechts und steppen Sie diese Naht nochmals von der anderen Seite über (Nahtbreite ca. 7 mm), die Nahtzugaben werden dabei eingeschlossen. Die Naht bügeln.

Für den Kordeldurchzug den angeschnittenen Kapuzenbeleg entlang der Umbruchlinie nach links umbügeln und ggf. von Hand festheften. Steppen Sie den Beleg von rechts fest (wenn vorhanden, mit dem Overlock-Stich) und nähen Sie danach die Kapuze rechts auf rechts an den Halsausschnitt (Nahtbreite ca. 5 mm). Achten Sie darauf, dass die Rechts-Links-Naht der Kapuze mittig auf dem Rückenteil festgesteppt wird.
Die Vorderteilbelege rechts auf rechts an den oberen Rückenbeleg nähen und die Nahtzugaben auseinander bügeln. Nun steppen Sie den Saumbeleg des Rückenteils oberhalb der Schlitzzeichen rechts auf rechts an die Vorderteilbelege. Auch hier die Nahtzugaben auseinander bügeln. Stecken Sie dann die aneinander genähten Belege rechts auf rechts an die Ausschnittkanten. Achten Sie darauf, dass die Schulternähte von Beleg und Weste exakt aufeinander liegen.
Verstürzen Sie die Ausschnittkanten, die Kapuze wird beim Nähen mitgefasst. Enden Sie jeweils am letzten Stich der Seitennaht und verriegeln Sie die Naht sorgfältig. Setzen Sie auf der anderen Seite wieder neu an und verstürzen Sie den restlichen Teil. Schneiden Sie nach dem Nähen die Nahtzugaben stufig zurück und die Rundungen bis kurz vor die Nahtlinie vorsichtig ein. Jetzt die Belege wenden und die Kanten bügeln. Danach die Belege von rechts feststeppen (evtl. mit dem Overlock-Stich).
Nähen Sie jeweils die beiden entsprechenden Armausschnittbelege aneinander und steppen Sie diese an die Armausschnitte. Die Nahtzugaben wie oben beschrieben zurückschneiden, die Belege wenden und die Kanten bügeln. Anschließend die Belege von rechts feststeppen (Overlock-Stich). Den Taschenbeleg rechts auf rechts an die Tasche steppen. Die Nahtzugaben stufig zurückschneiden, die Rundungen vorsichtig bis zur Nahtlinie einschneiden. Den Beleg nach links wenden, an der Kante bügeln und von rechts absteppen. Die noch offenen Nahtzugaben an den Taschen nach links umbügeln und die Taschen auf die Vorderteile nähen. Die Druckknöpfe entsprechend der Herstellerangabe in die Vorderteile einschlagen. Die Applikation aufbügeln, ggf. mit einem Zickzackstich übernähen. Zuletzt die Kordel mithilfe einer Sicherheitsnadel in den Kordeldurchzug ziehen.

DOG

Fleece-Mütze mit Ecken

Material

Fleece grau, 150 x 25 cm
Vlieseline, 24 x 20 cm
Nähgarn grau
Kordel grau, 50 cm
Label

Kopfumfang

45–47 cm

Zuschnitt

Für dieses Modell benötigen Sie auf dem Vorlagenbogen die Schnittteile vorderes Mützenteil 20a, hinteres Mützenteil 20b.

Die Schnittteile aus dem Vorlagenbogen herauskopieren, die Belege als Extra-Schnittteile abpausen. Die Teile ausschneiden, auf den Stoff legen und diesen entsprechend der Schnittbeschriftung zuschneiden. Wo es nicht anders angegeben ist, 1 cm Nahtzugabe berücksichtigen. Die Markierungen übertragen (Bommeln). Für die Bommeln zwei 6 x 4 cm große Rechtecke zuschneiden. Auf die linke Seite der Belege Vlieseline aufbügeln.

Verarbeitung

Die Rechtecke für die Bommeln der Länge nach siebenmal ca. 4 cm tief einschneiden. Die Stoffstücke zur Hälfte falten und mit Nadeln an die obere Kante

des vorderen Mützenteils stecken. Die eingeschnittene Seite zeigt nach unten. Nun die beiden Kopfteile rechts auf rechts aufeinander legen und ringsum aufeinander nähen, die untere Kante bleibt offen. Das Teil wenden und die Ecken vorsichtig mit einer Schere herausdrücken. Die Belege rechts auf rechts aneinander nähen, die Nahtzugaben auseinander bügeln. Die Kordel zur Hälfte teilen, die Stücke mit Nadeln auf den Seitennähten der Kopfteile feststecken. Anschließend die Belege rechts auf rechts an die untere Kante der Mütze steppen, die Kordel wird dabei mitgefasst. Die Nahtzugaben zurückschneiden und die Rundungen vorsichtig bis kurz vor die Nahtlinie einschneiden. Die Belege wenden und die Kanten bügeln. Die Belege von Hand festheften, dann ringsum mit einem Zickzackstich oder Overlock-Stich von rechts feststeppen. Zum Schluss das Label aufnähen.

Fleece-Mütze mit Ohrenklappen

Material

Fleece grau, 150 x 20 cm
Vlieseline, 30 x 9 cm
Nähgarn grau
Kordel grau, 50 cm
Label

Kopfumfang

45–47 cm

Zuschnitt

Für dieses Modell benötigen Sie auf dem Vorlagenbogen die Schnittteile Kopfteil 21a, Ohrenklappe 21b, Beleg 21c.

Die Schnittteile aus dem Vorlagenbogen herauskopieren, ausschneiden und entsprechend der Schnittbeschriftung mit 1 cm Nahtzugabe aus Stoff zuschneiden. Die Markierung übertragen (Band). Für den Bommel ein 6 x 4 cm großes Rechteck zuschneiden. Ein Ohrenklappenschnittteil linksseitig mit Vlieseline bekleben.

Verarbeitung

Zwei Kopfteile rechts auf rechts aufeinander legen und an einer Seite zusammennähen, dabei an der oberen Spitze die Nahtzugabe (1 cm) offen lassen. Die Nahtzugaben auseinander bügeln. Legen Sie anschließend das dritte Kopfteil rechts auf rechts an das zweite und nähen Sie die Teile zusammen. Auch hier die Nahtzugabe an der Spitze offen lassen, enden Sie exakt am letzten Stich der vorangegangenen Naht. Gehen Sie beim vierten, fünften und sechsten Kopfteil ebenso vor. Das Rechteck für den Bommel der Länge nach siebenmal ca. 4 cm tief einschneiden. Das Stoffstück falten und mit Nadeln an die Spitze der Mütze stecken, die eingeschnittene Seite zeigt nach unten. Nähen Sie nun das sechste Kopfschnittteil an das erste, die Nähte der Kopfteile enden alle exakt an einem Punkt. Der Bommel wird beim Steppen mitgefasst.
Die Kordel zur Hälfte teilen. Die beiden Schnittteile für die Ohrenklappen rechts auf rechts aufeinander legen, die Kordeln entsprechend der Markierung auf dem Vorlagenbogen zwischen den beiden Schnittteilen feststecken. Danach die beiden Teile entlang der äußeren Rundung aufeinander nähen, die gerade Kante bleibt offen. Die Nahtzugaben knapp zurückschneiden, die Rundungen bis kurz vor die Stepplinie einschneiden. Die Ohrenklappen wenden, die Kanten bügeln. Die Klappen so an das Kopfteil stecken, dass die Mitten von Kopfteil und Ohrenklappe aufeinander liegen.
Den Beleg zum Ring zusammensteppen, die Nahtzugaben auseinander bügeln. Jetzt den Beleg an die untere Mützenkante steppen (die Naht des Belegs liegt an der rückwärtigen Mitte), die Ohrenklappen dabei mitfassen. Die Nahtzugaben zurückschneiden, den Beleg nach innen wenden und mit einigen Heftstichen von Hand befestigen. Dann den Beleg mit einem Zickzackstich oder Overlock-Stich von rechts festnähen. Zum Schluss das Label aufsteppen.

Badetuch und Waschlappen

Material

Badetuch
Frotteestoff gelb,
150 x 100 cm
Baumwollstoffreste weiß, weißgelb kariert (Applikation)
Vliesofix (Applikation)
Nähgarn weiß, schwarz
fertig vorgefalztes Schrägband weiß, 500 cm
dicke Stopfnadel
3 Pailletten oder Perlen bunt

Waschlappen
Frotteestoff gelb, 40 x 24 cm
Baumwollstoff weiß-gelb gemustert, 24 x 20 cm
Vliesofix (Applikationen)
Nähgarn weiß, gelb
dicke Stopfnadel
Vlieseline, 20 x 12 cm

Badehandschuh (groß)
Frotteestoff gelb, 50 x 30 cm
Baumwollstoff weiß-gelb gemustert, 36 x 18 cm
Nähgarn weiß, gelb
Vlieseline, 18 x 18 cm
3 Perlen weiß

Badehandschuh (klein)
Frotteestoff gelb, 30 x 22 cm
Baumwollstoff weiß-gelb gemustert, 32 x 14 cm
Nähgarn weiß, gelb
Vlieseline, 16 x 14 cm

Zuschnitt

Für das Badetuch brauchen Sie die Applikation Vogel 22, für den Waschlappen die Schnittteile Waschlappen 23a, Blende 23b; die Buchstaben (A–Z) haben die Nummer 2b (Lätzchen, S. 14). Für den großen Badehandschuh werden die Schnittteile Badehandschuh 24a, Zackenkante 24b und für den kleinen Badehandschuh die Schnittteile Badehandschuh 25a, Zackenkante 25b benötigt.

Die gewünschten Schnittteile aus dem Vorlagenbogen herauskopieren, ausschneiden und entsprechend der Schnittbeschriftung aus Frottee- oder Baumwollstoff mit 1 cm Nahtzugabe zuschneiden. Das fertige Badetuch hat eine Größe von 100 x 100 cm. Die Ecken zeichnen Sie abgerundet auf (z. B. mit einer Tasse), das erleichtert das Einfassen mit Schrägband. Die Kapuze hat eine Höhe von ca. 25 cm. Schneiden Sie das Kapuzenteil entsprechend der Rundung am Badetuch zu.
Den Baumwollstoff für die Applikationen grob zuschneiden und auf die linke Seite Vliesofix aufbügeln. Dann die entsprechenden Papierschnittteile seitenverkehrt auf das Trägerpapier legen, die Konturen nachzeichnen und ausschneiden. Für die Schleife am Badetuch einen 12 x 3,5 cm großen karierten Stoffstreifen, für den Aufhänger am Waschlappen einen 10 x 4 cm großen gepunkteten Streifen zuschneiden.

Verarbeitung Badetuch

Das Trägerpapier von den Motivteilen abziehen und diese mittig auf das Kapuzenteil aufbügeln. Dann alle Kanten mit einem kleinen und dicht eingestellten Zickzackstich umnähen. Nun die untere Kante der Kapuze mit Schrägband einfassen. Schieben Sie dazu die offene Frotteestoffkante zwischen die Schrägbandseiten, die breitere Seite des Schrägbandes liegt dabei unten (siehe S. 10). Nach dem Einfassen die Kapuze kantengleich links auf rechts mit Nadeln auf eine Ecke des Badetuchs stecken

und ca. 5 mm breit vorsteppen (die Naht darf nach dem Einfassen nicht mehr sichtbar sein). Fassen Sie danach das gesamte Handtuch mit Schrägband ein, das Ende nach links einschlagen. An den Rundungen ist es hilfreich, das Schrägband durch Bügeln schon vorher in die entsprechende Form zu bringen. Die Schleife fertigen (siehe S. 11) und aufnähen. Die Perlen oder Pailletten annähen und mit schwarzem Nähgarn das Auge aufsticken.

Verarbeitung Waschlappen

Die Applikationen wie beim Badetuch beschrieben auf eines der Schnittteile aufnähen. Anschließend die beiden Waschlappenteile rechts auf rechts aufeinander legen und ringsum aufeinander nähen, die untere Kante bleibt offen. Das Teil wenden, die Nähte an den Rundungen herausdrücken, die Kanten bügeln.

Nun für den Aufhänger das Band verstürzen (siehe S. 11). Die Blende aus Baumwolle von links mit Vlieseline bekleben und die beiden Schnittteile zum Ring schließen. Die Nahtzugaben auseinander bügeln. Die Blende an der unteren Kante exakt 1 cm nach links umbügeln.

Schieben Sie dann die Blende rechts auf links in den Waschlappen und steppen Sie die oberen Kanten ringsum aufeinander fest. Die Nahtzugaben stufig zurückschneiden. Die Blende aus dem Waschlappen herausziehen, umklappen und die obere Kante bügeln. Danach den Aufhänger an der Seitennaht unter die Blende schieben und feststecken. Zum Schluss die untere, vorgebügelte Kante knappkantig auf dem Waschlappen feststeppen.

Verarbeitung Badehandschuhe

Die beiden Frotteeteile für den Badehandschuh rechts auf rechts aufeinander legen und ringsum aufeinander steppen, die obere Kante bleibt offen. Den Handschuh wenden, die Nähte herausdrücken und die Kanten bügeln.

Auf zwei Teile für die Zackenkante von links Vlieseline aufbügeln. Diese beiden sowie die übrigen zwei Zackenteile jeweils zum Ring schließen. Die Nahtzugaben auseinander bügeln. Anschließend die Teile rechts auf rechts entlang den Zacken aufeinander steppen. Die Nahtzugaben auf ca. 3 mm zurückschneiden, die Spitzen schräg abschneiden und die Ecken bis kurz vor die Nahtlinie einschneiden. Das Teil wenden und die Kanten von rechts bügeln.

Dann die Zackenkante in den Handschuh stecken und die Teile entlang der oberen Kante aufeinander nähen. Die Nahtzugaben zusammen versäubern. Die Zackenkante herausziehen, um die obere Handschuhkante legen, bügeln und an der Seitennaht mit einigen Handstichen festnähen. An der Handschuhvorderseite evtl. Perlen an die Zacken nähen.

Badeoverall

Material

Baumwollstoff orange-weiß kariert, 150 x 90 cm
Frotteestoff orange, 150 x 90 cm
Nähgarn orange
annähbarer Druckknopf

Größe

62/68

Zuschnitt
Für dieses Modell benötigen Sie auf dem Vorlagenbogen die Schnittteile Vorderteil 26a, Rückenteil 26b.

Die Schnittteile aus dem Vorlagenbogen herauskopieren, ausschneiden und entsprechend der Schnittbeschriftung aus Baumwoll- sowie aus Frotteestoff zuschneiden (der Badeoverall wird gedoppelt). Am Halsausschnitt und an den Vorderteilkanten sowie an den Saumaufschlägen keine Nahtzugaben anschneiden, die übrigen Ränder mit Nahtzugaben versehen. Die Markierungen übertragen (Bänder).
Zum Einfassen der Halsausschnitt- und Vorderteilkanten zwei 4 cm breite und 65 cm lange Schrägbänder aneinander nähen (siehe S. 10). Für die Schleifenbänder sechs 24 x 4 cm große Streifen zuschneiden.

Verarbeitung

Die folgenden Verarbeitungsschritte beziehen sich auf das Frottee- sowie auf das Baumwollteil. Sie nähen also zunächst separat zwei Overalls, die später ineinander geschoben werden.

Legen Sie jeweils ein Vorder- und Rückenteil rechts auf rechts aufeinander und stecken Sie die Schnittteile mit Nadeln aufeinander fest. Steppen sie die Schulter- sowie die Ärmel- und Seitennähte. Bei der inneren Beinnaht lassen Sie an der oberen Kante die Nahtzugabe (1 cm) offen, da die offene Vorderteilkante später mit Schrägband eingefasst wird. Nun die Nahtzugaben auseinander bügeln, die Rundungen vorsichtig bis zur Nahtlinie einschneiden.

Das eine Overallteil auf rechts wenden und rechts auf rechts in das andere schieben. Stecken Sie die inneren Beinnähte mit Nadeln exakt aufeinander. Beginnen Sie am letzten Stich dieser Naht und schließen Sie die hintere Mittelnaht bis zum Halsausschnitt. Die eingesteckte Overallseite nach dem Nähen wieder herausziehen und die Nahtzugaben auseinander bügeln.

Nach Fertigstellung des Frottee- und des Baumwolloveralls die beiden Teile ineinander schieben, die beiden linken Stoffseiten liegen aufeinander.

Heften Sie die vorderen Kanten und den Halsausschnitt der beiden Overalls exakt aufeinander (von Hand oder mit der Maschine), evtl. die Nahtzugaben an der Schrittnaht vorsichtig einschneiden. Fassen Sie dann die Kanten mit dem Schrägband ein (siehe S. 10), Anfang und Ende an der Schrittnaht nach links einschlagen. Danach die vordere Mitte (s. Vorlagenbogen) der beiden Vorderteile mit Nadeln aufeinander stecken, das rechte Vorderteil liegt oben. Die Vorderteile und besonders die eingefassten Kanten an der Schrittnaht entsprechend glatt ausrichten und auf die untere Kante einen kleinen Riegel mit der Maschine aufnähen (verbindet linkes und rechtes Vorderteil miteinander). Verstürzen Sie jetzt die Bindebänder (siehe S. 11), schlagen Sie auch hier Anfang und Ende nach links ein. Die Bänder auf das rechte Vorderteil aufsteppen. Dann die vordere Mitte der beiden Teile wieder aufeinander stecken und die Bindebänder des linken Vorderteils passend festnähen. Die Nahtzugaben an Ärmeln und Beinausschnitten gegeneinander nach links einschlagen und die Kanten von Hand aneinander nähen. Von innen einen kleinen Druckknopf an das Vorderteil nähen, der ein Verschieben der unten liegenden Vorderkante verhindert.

Kleid

Material
Baumwollstoff weiß,
150 x 45 cm
Tüll weiß mit Blüten,
150 x 45 cm
Nähgarn weiß
Reißverschluss weiß, 18 cm
fertig vorgefalztes Schrägband
weiß, 100 cm

Größe
62/68

Zuschnitt
Für dieses Kleid benötigen Sie auf dem Vorlagenbogen die Schnittteile Vorderteil 27a, Rückenteil 27b, Ärmel 27c.

Die Schnittteile aus dem Vorlagenbogen herauskopieren und ausschneiden. Alle Teile entsprechend der Schnittbeschriftung mit 1 cm Nahtzugabe aus Baumwollstoff sowie aus Tüll zuschneiden (das Kleid besteht aus einer Baumwollstoff- und einer Tülllage). Die Markierungen übertragen (Reißverschlusszeichen, Schulterpunkt). Für die Schleife einen 8 cm breiten und 50 cm langen Streifen aus Baumwollstoff zuschneiden.

Verarbeitung
Die Vorder- und Rückenteile aus Tüll jeweils mit der linken Stoffseite auf die entsprechende rechte Seite des Baumwollstoffes stecken. Die Schnittteile entlang den Schulternähten sowie am Halsausschnitt knappkantig aufeinander steppen. Anschließend die Rückenteile rechts auf rechts auf das Vorderteil stecken und die Schulternaht steppen. Die Nahtzugaben des Tülls knapp zurückschneiden, dann alle Nahtzugaben gemeinsam versäubern (der Tüll sollte so weit zurückgeschnitten werden, dass er nach dem Versäubern nicht mehr sichtbar ist und nicht „pieksen“ kann). Die Nahtzugaben durch Zuhilfenahme eines Tuches ins Rückenteil bügeln.
Steppen Sie nun separat die Seitennähte vom Tüll- und Baumwollkleid, hierzu jeweils die Rückenteile rechts auf rechts auf das Vorderteil stecken und die Seitennähte schließen. Die Nahtzugaben auseinander bügeln. Steppen Sie danach die hintere Mittelnaht am Tüll- sowie am Baumwollkleid, die Nahtzugaben auseinander bügeln.
Die Ärmellagen werden ebenfalls separat gearbeitet. Jeweils die Ärmelkanten rechts auf rechts aufeinander legen und die Ärmelnaht steppen, die Nahtzugaben auseinander bügeln. Den Ärmelsaum entlang der Saumlinie nach links umbügeln und von Hand festnähen. Am Tüll den Saum ggf. an Stellen, die durch Blumen verdeckt sind, mit kleinen Riegeln befestigen. Die Tüllärmel links auf rechts über die Baumwollärmel ziehen und die Teile entlang der Armkugel aufeinander heften. Den Ärmel unter Beachtung des Schulterpunktes rechts auf rechts in das Armloch nähen, die Nahtzugaben am Tüll wieder knapp zurückschneiden. Die Nahtzugaben zusammen versäubern und in den Ärmel bügeln.
Setzen Sie jetzt den Reißverschluss ein. Hierzu zunächst die Nahtzugabe knapp unterhalb des letzten Stiches der hinteren Mittelnaht vorsichtig einschneiden, sodass die Nahtzugabe des Tülls entlang der Reißverschlussöffnung über den Baumwollstoff gelegt werden kann. Die offenen Kanten von Tüll- und Baumwollstoff an der Reißverschlussöffnung aufeinander heften. Den Reißverschluss einheften und von Hand oder mit der Maschine von rechts festnähen. Den Halsausschnitt mit Schrägband einfassen (siehe S. 10). Die Säume nach links einschlagen und von Hand annähen. Das Band für die Schleife verstürzen (siehe S. 11), zu einer Schleife binden und diese von Hand an die Vorderseite nähen.